KB015472

글쓰기를 못하는 것은

당신의 잘못이 아니다

글쓰기를 못하는 것은 당신의 잘못이 아니다

우종국 지음

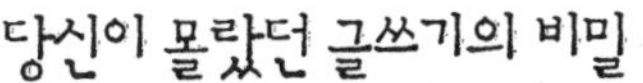

•

"말하는 것처럼 쓰라."

볼테르Voltaire

"모든 초고는 걸레다."

어니스트 헤밍웨이Ernest Hemingway

"지옥으로 가는 길은 수많은 부사로 뒤덮여 있다."

스티븐 킹Stephen King

"무엇이든 짧게 써라. 그러면 읽힐 것이다."

조지프 퓰리처Joseph Pulitzer

"실패하라. 다시 실패하라. 더 낫게 실패하라."

사뮈엘 베케트Samuel Beckett

차례

01

프롤로그

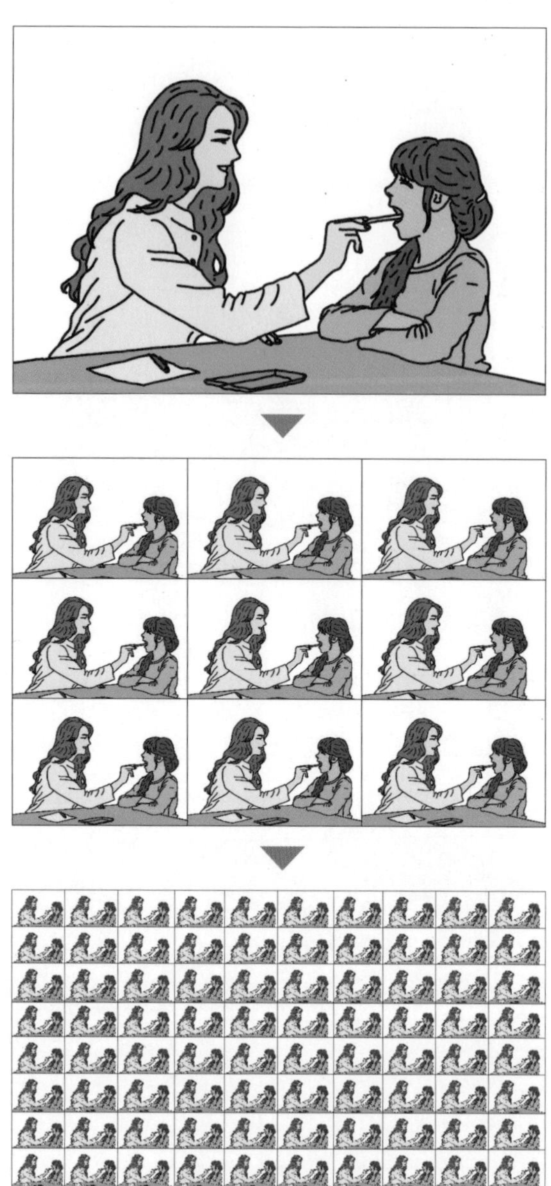

혼자 잘 치료하는 의사보다 좋은 치료법을 개발하는 의사가 명의다.

나는 왜 이 책을 썼는가?

몇 년 전 재미있게 본 EBS의 <명의>에 나온 이야기다. 어느 의사가 이렇게 말했다. "솜씨 좋은 의사는 자기 환자를 살릴 수 있지만, 좋은 치료법을 개발하면 수많은 사람을 살릴 수 있다. 그게 명의다."

내가 대단한 사람은 아니지만, 15년 넘게 매주 원고지 40~50매 분량의 글을 써왔고, 10년 넘게 후배들에게 글쓰기 노하우를 가르쳐왔다. 이 책의 바탕이 된 내용을 토대로 장광설을 늘어놓기도 하고, 일일이 후배들을 옆에 앉히고 원고 첨삭을 하기도 했다. 그렇지만 아무리 열심히 가르친들 몇 명이나 가르칠 수 있을까?

내가 글을 잘 쓰면 1명이 잘 쓰는 것이고, 주위의 후배를 가르치면 100명이 글을 잘 쓰게 될 것이다. 그러나 대한민국 모든 사람이 글을 잘 쓰게 하지는 못한다.

내가 과연 남에게 글을 가르칠 자격이 되는 걸까? 내가 글을 정말 잘 썼다면 유명한 작가가 되었겠지만, 그렇게 되지는 않았다. 그 대신 어떻게 하면 글을 잘 쓰도록 가르칠 수 있을

은근 슬쩍 묻어가기?

인생은 히딩크처럼

지를 많이 고민했다.

스포츠 분야에서 성공한 감독과 코치를 보면, 현역 시절 대스타였던 사람은 많지 않다. 성공한 지도자들은 부족함이 많은 선수였기 때문에 어떻게 하면 잘할 수 있을지를 끊임없이 고민한 결과 다른 사람들을 지도하는 촉이 발달한 것이다.

'글쓰기가 뭐 그렇게 대단한 거라고 한국 사람 전부가 배워야 한단 말인가?'라고 생각할지도 모르겠다. 글쓰기 목적은 나를 위한 것이다. 왜냐면 제대로 쓰이지 않은 글 또는 콘텐츠를 보는 것이 힘들기 때문이다.

콘텐츠는 만드는 사람이 고민하는 만큼 보는 사람은 적게 고민하게 된다. 반대로 콘텐츠를 만드는 사람이 고민을 하지 않으면 보는 사람은 엄청난 고민을 해야 한다. 전 세계 모든 사람이 제대로 된 콘텐츠를 만들어서 내가 편해지길 바랄 뿐이다.

글쓰기는 단순히 글에만 그치지 않는다. 글은 생각을 담는 도구이기 때문에 글을 잘 쓰려면 생각을 잘 다듬어야 한다. 이 책에서 이야기하는 표현과 사고의 방식은 사람의 성향, 태도, 창조성과도 관련이 있다. 이는 국가 경쟁력과도 연결된다.

어떻게 이런 걸 만들 생각을 했지?

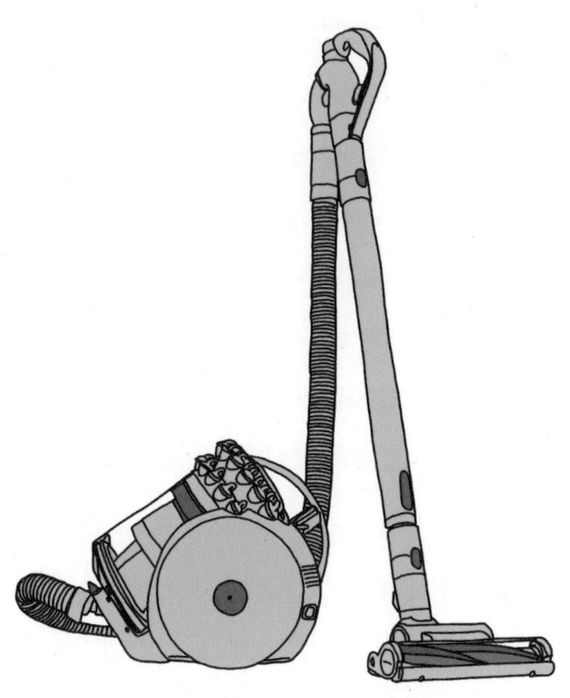

헝그리 정신?

'와, 어떻게 이런 것까지 생각하고 만들었지.' '아니, 무슨 생각으로 이런 것을 만든 거야.' 상품과 서비스를 접하면서 이런 생각이 들 때가 많았을 것이다. 글쓰기도 무형의 제품을 만드는 과정이다. 글쓰기에도 완성도라는 것이 존재한다.

경제 주간지에 다니던 시절, 서평을 담당한 선배가 일주일에 수십 권씩 들어오는 책을 어떻게 다 읽는지 궁금했다. 당시 선배의 답은 이랬다. "처음 몇 줄 읽으면 잘된 책인지 알 수 있다." 잘된 책은 문장 하나하나에 생동감이 느껴진다. 좋은 글을 쓸 수 있는 작가의 재능, 좋은 글을 쓰겠다는 작가의 노력의 결과물이다. 이는 책뿐만 아니라 모든 생산 과정에도 동일하게 적용된다. 학생 때 글쓰기를 통해 완성도라는 것을 이해한다면 취업을 한 뒤 높은 수준의 결과물을 만들어낼 수 있을 것이다.

글쓰기를 꼭 배워야 할까? 열심히 쓰다 보면 잘 쓰게 되지 않을까? 맞는 말이다. 그러나 한계가 있다. 토익 시험을 치면 칠수록 점수는 높아진다. 문제 유형은 어떤가, 시간 배분을 어떻게 할까, 모르는 문제를 붙들고 끙끙대는 대신 쉬운 문제를 하나라도 더 풀 것인가, 답안지 마킹은 어떤 식으로 해야

TOEIC 점수 정체 구간 해결법은?

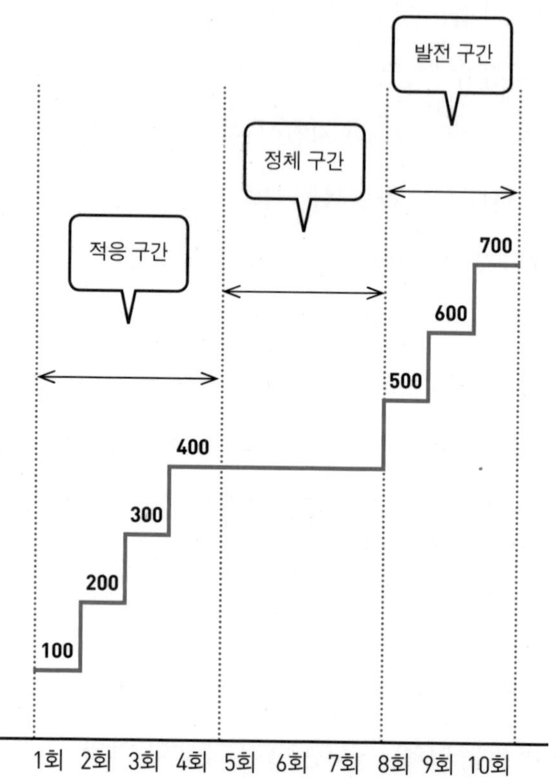

시험을 치를수록 점수는 높아지지만, 어느 순간 한계에 다다른다.
그게 원래의 실력이다. 개선을 원한다면 공부를 해야 한다.

하는가. 이런 낯선 과제들은 시험을 치면 칠수록 해결된다.

시험에 적응될수록 시험 점수는 오른다. 그런데 점수가 영원히 오르지 않는다. 첫 시험에서 300점을 받은 사람이 시험을 거듭하며 400점은 받을 수 있지만, 700~800점까지 오르지는 않는다. 그러면 400점이 그의 영어 실력이다.

점수를 더 올리려면 어떻게 해야 할까? 영어 공부를 해야 한다. 교재를 사서 독학하든지, 유튜브로 강의 영상을 보든지, 학원을 다니든지 시간과 노력을 들여야 한다.

대부분의 글쓰기 교재는 "많이 써야 실력이 는다"고 강조한다. 맞는 말이다. 의자에 엉덩이를 붙이고 글쓰기를 시작하기가 초보자에게는 가장 어렵다. 운동할 때도 일단 헬스클럽에 가는 것이 가장 힘들다.

인내심을 발휘해 꾸준히 글을 쓰는 사람이라면 군계일학처럼 두각을 나타내기 시작한다. 그러나 어느 순간 정체되는 순간이 온다. 타고난 재능이 한계에 달하는 시기다. 이후에는 글쓰기에 대해 배우고 지도를 받아야 한다. 스스로 연구해도 된다.

이 책에서 글쓰기 태도론은 생략했다. 저명한 작가들은 글

매일
던지다 보면
언젠가는….

응, 아니야.

쓰기 재주를 타고난 사람이 많아 글만 열심히 쓰면 실력이 늘기 때문에 태도를 강조하는지도 모른다. 일반인에게는 꾸준히 글쓰기를 한다는 행위가 가장 힘들기 때문에 대부분 자신의 재능을 발휘하지 못하는 경우가 많다.

글쓰기 책의 절반가량이 태도와 관련된 내용으로 채워져 있다. 태도론은 중요하지만 따로 설명할 내용은 없다. 헬스클럽에 가야 코치가 지도를 할 텐데, 헬스클럽을 어떻게 하면 자주 갈 것인지는 스스로 해결해야 한다.

내 의도를 효과적으로 전달하기 위해 그림을 그리기로 했다. 그림을 못 그리는 것도 아닌지라, 할 수 있는 노력을 모두 쏟아붓기로 했다. 독자들이 지루해하지 않고 재미있게 읽기를 바랄 뿐이다. 어쩌면 글쓰기에 대한 다른 접근이 가능했던 이유도 그림 때문이다. 머릿속에서 그림이 그려지지 않으면 이해되지 않는 나의 한계 때문에 쉬운 표현에 대해 늘 고민했던 듯하다.

고등학교나 대학교 때 내가 이해하지 못하는 복잡한 내용을 잘 이해하는 사람이 신기했다. 돌이켜보면 정말 이해했던 것인지, 지적 허세를 부리기 위해 이해한 척한 것인지 모르겠다.

얘들아, 고맙다 >.<

스파이웨어 덕에 더 좋은 콘텐츠가 탄생하게 되었습니다.

이 책을 쓰는 도중 컴퓨터가 악성코드에 감염되어 열심히 그렸던 그림을 포함해 디자인 파일을 모두 날리는 우여곡절을 겪었다. 다행히 이메일에 저장된 텍스트가 남았다. 무라카미 하루키의 『댄스 댄스 댄스』에 한 챕터의 파일을 날리고 좌절했지만, 새로 쓴 원고가 원래 원고보다 훨씬 나았다고 이야기하며 그것을 위로로 삼았다는 내용이 나온다. 나도 심기일전해 텍스트 수정부터 다시 시작했다. 산고가 깊었던 만큼 훌륭한 자식이 태어나기를 바랐다.

02 스토리텔링

충분한 용기가 있다면,
무엇이든 가능하다.

Anything is possible if you have enough nerve.

조앤 롤링

스토리와 스토리텔링은 다르다

스토리텔링이 중요하다는 것에는 누구나 동의할 것이다. 그런데 스토리텔링이 무엇인지 속 시원하게 말해준 사람은 없었다.

스토리텔링을 어렵게 느끼는 이유는 스토리라는 말 때문이다. 스토리라고 하면 기승전결이 있는 소설적 구성을 떠올린다. 『해리 포터』를 쓴 조앤 롤링처럼 창조성을 끌어내 대단한 이야기를 만들어야 할 것 같은 부담감에 시도조차 못하게 된다.

우리는 전문 작가가 아님에도 '스토리텔링을 하라'는 말을 자주 듣는다. 그렇다면 스토리텔링이 전문가의 영역을 말하는 것은 아닐 것이다. 스토리텔링에 대한 정확한 정의는 없지만, 일상에서 쓰이는 뉘앙스를 고려하면 '스토리'는 이야기, '스토리텔링'은 이야기하는 방식이다.

스토리텔링의 소재는 가상의 이야기일 수도 있고 실제 존재하는 이야기일 수도 있다. '설명하지 말고 스토리텔링을 하라'고 할 때의 의미는 '사실을 나열하지 말고 사람들이 흥미

수영의 목적?

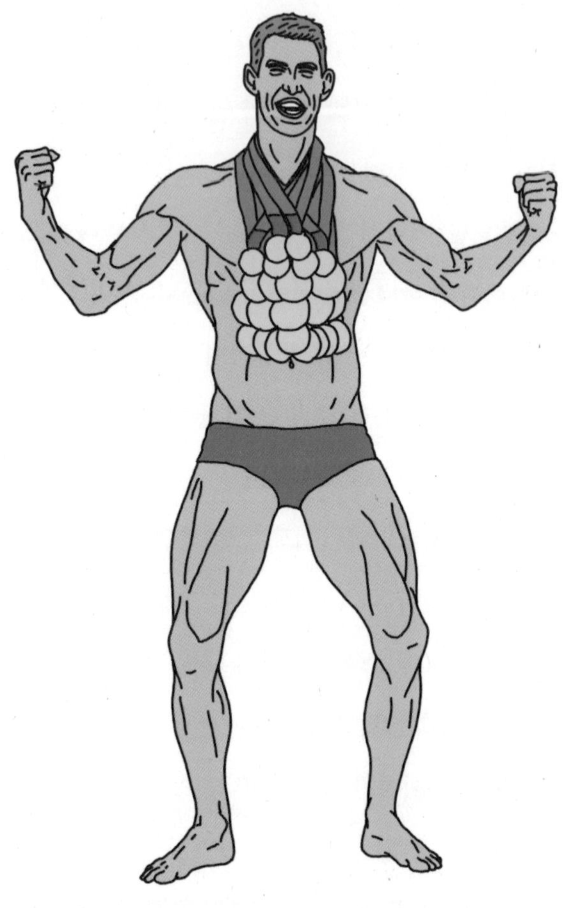

모든 사람이 마이클 펠프스가 될 필요는 없다.

진진하게 들을 수 있도록 하라'는 뜻일 것이다. 음식 재료를 테이블에 올려놓지만 말고, 요리를 해서 내놓으라는 것이다. '설명'은 음식 재료(팩트)만 제공하는 것이고, '스토리텔링'은 요리를 제공하는 것이다.

요리는 고객이 아니라, 요리사가 하는 것이 맞다. 고객은 요리에 대해 문외한이지만, 요리사는 요리법을 알기 때문이다. 스토리텔링이 없는 설명은 고객에게 재료만 던져주고 '알아서 먹으라'는 것과 마찬가지다.

스토리텔링을 어렵게 여기는 또 다른 이유는 '스티브 잡스 정도는 되어야 스토리텔링을 할 수 있는 것 아닌가'라는 생각 때문이다. 특출한 사람이 하는 것이어야 스토리텔링이라고 부를 수 있다고 여기는 것이다.

5성급 호텔 요리사가 해야만 요리일까? 엄마가 아이에게 해주는 것도 요리다. 엄마는 아이에게 음식 재료만 주지는 않는다. 스토리텔링도 마찬가지다. 누구에게나 필요하고, 노력해서 더 잘할 수 있는 것이다.

일례로, 올림픽에서 금메달을 따지 못한다고 수영을 배우는 것이 무의미하지는 않다. 수영을 배우면 멋진 휴양지에서

와인은 생각,
글라스는 글에 해당한다.

물놀이를 할 수 있고, 물에 빠졌을 때 생존의 수단이 되기도 한다. 스토리텔링을 배우는 목적도 마찬가지다.

개인적으로 '스토리텔링이 무엇인가?'라고 묻는다면, 이렇게 답하고 싶다. '나의 이야기에 귀를 기울이게 만드는 마법'이라고.

와인과 글라스

와인을 마시기 위해서는 글라스가 필요하다. 와인은 무형의 액체이므로 글라스라는 매개체가 없으면 마실 수 없다. 또한 글라스는 수단일 뿐이므로 와인이 없으면 존재의 의미가 없다.

글쓰기도 마찬가지다. 생각은 와인, 글은 글라스다. 머릿속의 생각을 전달하려면 글 또는 말이라는 매개체가 필요하다. 생각이 없으면 활자 자체만으로는 아무런 의미를 전달할 수 없다.

'글쓰기를 잘하면 좋겠다'라고 생각하는 사람이 많다. 보고서를 써야 하는데, 첫 줄 쓰기부터 막막하면 그런 생각이 글은 엉덩이로 쓰는 거 모르니?

엉덩이로 이름 쓰기

들 것이다. 글쓰기 스킬이 있으면 그런 고생을 하지 않고 글쓰기가 술술 풀릴 것만 같다.

서울 광화문광장의 큰 빌딩 지하 1층에 있는, 국내에서 가장 크고 유명한 서점에는 글쓰기 책들만 모아놓은 섹션이 있다. 여기에 놓인 책들은 크게 '문장론'과 '태도론'으로 나누어 볼 수 있다.

문장을 강조하는 책들은 '글쓰기=맞춤법'이라고 오해하게 만들 여지가 있다. 맞춤법과 문법을 정확하게 쓰는 데 몰두하느라 생각을 정리하는 훈련을 등한시하게 만들 우려가 있다.

태도론에 관한 책은 '열심히 쓰다 보면 잘 쓰게 된다'는 것을 강조한다. 글쓰기에서 태도가 중요한 것은 맞지만, 그 책을 사볼 정도의 독자라면 이미 태도는 갖추어져 있고 방법론을 궁금해하는 사람일 것이다.

그런 책들이 나쁘다는 이야기가 아니다. 한 분야에서 오래 갈고닦은 저자들이 쓴 책이므로 폄훼할 생각은 없다. 다만 독자는 요리 비법, 주재료의 배합 비율, 재료를 익히는 시간 같은 방법론을 원하는데, 시중의 책들은 신선한 재료를 구하는 법이나 요리에 대한 집념과 철학을 이야기하는 식이다.

삶에 대해서 쓰려면,
먼저 살아봐야 한다.

In order to write about life, first you must live it.

어니스트 헤밍웨이

맛있게 숙성된 와인은 종이컵에 담아 마셔도 맛있다. 그러나 글라스에 담아 마시면 더 맛있다. 와인 글라스는 위로 갈수록 좁아져 와인향을 코로 집중시키고 유리가 얇아 입술에 닿는 감촉이 좋다. 그러나 맛없는 와인은 아무리 비싼 글라스에 담아 마셔도 맛이 없다.

좋은 생각은 글이 서툴러도 읽는 이에게 지식과 감동을 준다. 그러나 좋은 생각이 없는데, 글재주만 현란하다면 좋은 글이라고 할 수 없을 것이다. 중요한 것은 와인이지 글라스가 아니다.

그런데 사람들은 반대로 생각한다. '이미 와인은 내 안에 완성되어 있고, 필요한 것은 오직 글라스뿐'이라고 착각한다. 내가 보기에는 반대다. 와인이 완성되어 있지 않기 때문에 좋은 글을 못 쓰는 것이다.

기존 글쓰기 책의 또 하나 문제점은 글쓰기를 학문으로 접근하는 경우가 많다는 것이다. 이는 초등학교, 중학교, 고등학교에서 10년 넘게 영어를 공부했음에도 외국 사람과 영어로 자유롭게 의사소통하지 못하는 상황과 비슷하다.

어린아이가 언어를 익힐 때는 눈앞에 보이는 것부터 배운

요리의 목적

다. '엄마', '아빠', '찌찌', '쉬'처럼 당장 생존에 필요한 단어부터 습득하게 된다. 반대로 영어를 배울 때는 주어, 목적어, 술어와 같은 요소부터 배운다.

이 책은 십 수년 간 글을 쓰면서 동시에 후배들에게 강의를 하며 업데이트된 내용들을 담았다. 이론이 아니라 실전에서 쓰이는 내용이다. 지금까지 글쓰기 책을 보면서 잘 와닿지 않거나, 답답함을 느꼈다면 배움의 순서가 달랐기 때문이다.

요리와 글쓰기의 비슷한 점

요리에는 네 가지가 있다. 첫째, 나 혼자 먹기 위한 것이다. 둘째, 가족을 먹이기 위한 것이다. 셋째, 가족이 아닌 남에게 먹이기 위한 것이다. 넷째, 팔기 위한 것이다.

자취하는 사람이 끼니를 때운다고 생각해보자. 나 혼자 먹을 음식이라면 맛이나 모양이 그리 중요하지 않다. 맛있으면 좋겠지만, 맛있지 않아도 그만이다. 결혼해서 가족을 위한 요리를 만들 때라면 어떨까? 맛에 조금 더 신경 쓸 것이다. 그렇지만 모양을 낼 필요는 없다.

글쓰기의 목적

집들이를 한다고 생각해보자. 남에게 먹이기 위한 것이라면 맛에도 신경 써야 하지만, 모양도 신경 써야 한다. 식당을 차렸을 때는 다르다. 돈을 받고 팔기 위한 요리는 최고의 맛과 최고의 모양을 추구해야 한다. 그렇지 않으면 망하기 때문이다.

글쓰기도 요리와 비슷하다. 나 혼자만을 위한 글쓰기, 지인들을 위한 글쓰기, 남에게 보여주는 비상업적인 글쓰기, 마지막으로 직업적인 글쓰기가 있다.

① 나 혼자만을 위한 글쓰기

일기처럼 나 혼자만의 글쓰기는 내용이나 형식에 아무런 제한이 없다. 되는 대로 쓰면 된다. 아무도 내가 쓴 글에 대해 지적하지 않는다.

② 지인들을 위한 글쓰기

한정된 독자들을 위한 글쓰기다. 이를테면, 동호회의 기록물은 소통이 목적이므로 신경 써서 써야 하지만, 서툴게 쓰거나 양식이 예쁘지 않더라도 비난하지 않을 것

내 글은 누구를 위한 것인가?

이다. 시도만으로도 따뜻한 응원을 받을 것이다.

③ 남에게 보여주기 위한 비상업적 글쓰기

불특정 다수에게 보여주기 위한 글이다. 블로그·SNS에 쓸 글이라면 많은 사람에게 나의 생각을 알리기 위한 것이므로 글의 완성도를 높일 필요가 있다. 형식적인 요소가 중요해지기 시작한다. 그러나 공짜로 보는 글이므로 읽는 사람도 완성도에 대해서는 지적하지 않는다.

④ 직업적인 글쓰기

직업적인 글쓰기는 돈을 벌기 위한 글쓰기다. 내용과 형식 모두 높은 완성도를 추구해야 한다. 직장에서 보고서 초안을 보고 팀장이 반려해서 새로 쓰는 이유는 월급 받은 만큼의 완성도를 갖추어야 하기 때문이다. 불특정 다수에게 판매하는 글은 완성도가 더욱 높아야 한다. 블로그·SNS에 올라오는 글 수준이라면 아무도 돈을 내고 사보지 않을 것이다.

맛있으면 그만이지, 목적은 뭘?

손흥민 동네축구 하는 소리ㅠㅠ

이 책은 돈을 벌기 위한 글쓰기나 직업적인 글쓰기가 필요한 사람들을 위한 것이다. 비상업적인 글쓰기는 어떻게 쓰든 진심이 전달되면 된다. 서툰 요리라도 진심을 담아 만들면 맛있게 먹을 것이다.

그러나 직업의 세계는 냉정하다. 내 요리가 옆 가게 요리보다 맛있어야 한다. 옆 가게도 가만히 있지 않을 것이므로 치열하게 고민하고 노력해야 한다. 이 책을 읽다가 '그렇게까지 빡빡하게 글을 써야 하나'라고 생각할 수 있다. 냉정해 보이지만 그것이 프로페셔널의 세계다.

글쓰기를 예로 들었지만, 프레젠테이션 등 말하기가 필요한 사람에게도 이 책에서 이야기하는 스토리텔링의 원칙은 동일하게 적용할 수 있다.

글쓰기에도 B2B와 B2C가 있다

기업 실무에서 'B2B'란 '비즈니스 투 비즈니스Business to Business'를 말하는데, 구매자가 개인이 아닌 기업을 말한다. B2B 제품을 '생산재'라고도 한다.

B2B와 B2C

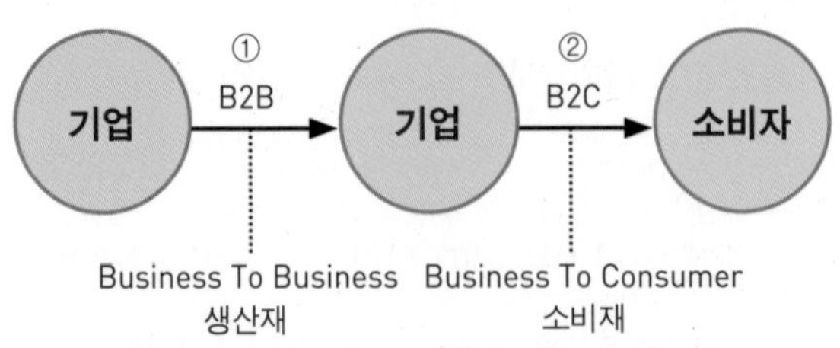

기업
①
B2B
기업
②
B2C
소비자
Business To Business
생산재
Business To Consumer
소비재

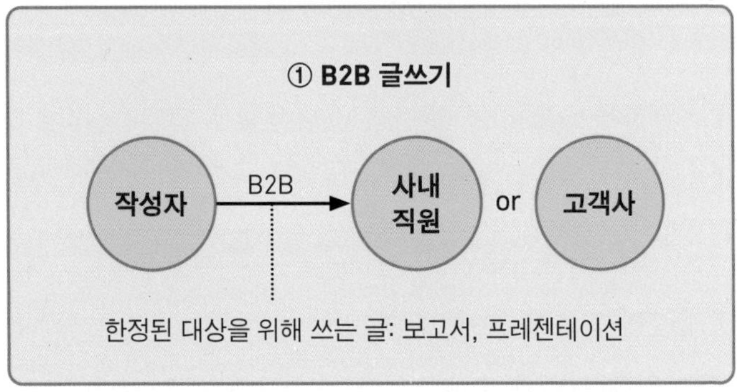

① B2B 글쓰기
작성자
B2B
사내 직원
or
고객사
한정된 대상을 위해 쓰는 글: 보고서, 프레젠테이션

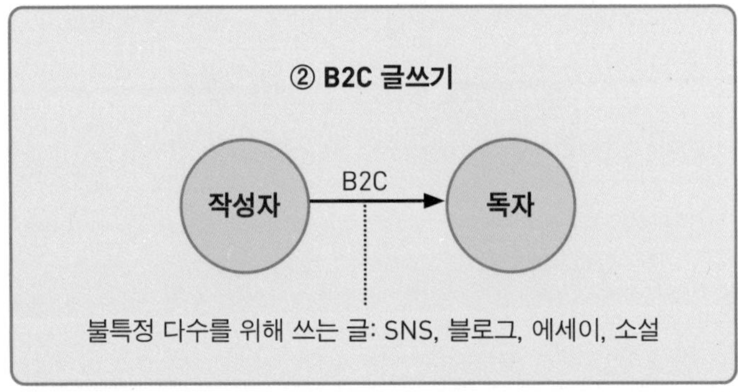

② B2C 글쓰기
작성자
B2C
독자
불특정 다수를 위해 쓰는 글: SNS, 블로그, 에세이, 소설

포스코는 국내 굴지의 대기업이다. 그런데 포스코의 히트 상품을 대라고 하면 하나라도 말할 수 있는가? '철강'이라고 답한다면 현대자동차의 히트상품은 '자동차'라고 말하는 것과 마찬가지다. '쏘나타'나 '그랜저'는 개인에게 판매하는 것이고, 포스코의 '초고장력강 590DP TS PO'는 기업에 판매한다. '생산재'는 정해진 구매자를 대상으로 품질로만 승부하기 때문에 멋진 이름을 붙이거나 잘 생긴 모델을 섭외해 광고를 찍을 필요가 없다.

'B2C'란 '비즈니스 투 컨슈머Business to Consumer'를 말하는데, 구매자가 개인이다. 자동차, 스마트폰, 화장품, 신발, 가구, 음료 등 종류는 너무나도 많다. 'B2C' 제품을 '소비재'라고도 한다. 기억하기 쉬우면서도 상품의 특징을 잘 표현하는 이름을 지어야 한다. 포장 디자인도 예뻐야 하고, 멋진 광고를 찍어 불특정 다수인 소비자에게 알려야 한다는 점이다.

글을 쓰는 목적도 B2B와 B2C가 있다. '글을 잘 쓰고 싶다'고 막연히 생각할 때는 B2C의 글을 써서 전문 작가가 되는 것을 상상하지만, 정작 글을 잘 써야 할 필요성은 B2B에 있다. 대학생이 작성하는 보고서는 교수 1명에게 보여주기 위

일상적으로 필요한 글쓰기는 B2B 글쓰기다.

한 것이다. 직장인이 작성하는 보고서는 팀장, 본부장, 대표 등 극소수 인원에게 보여주기 위한 것이다. 일상생활에서 필요한 글은 B2B 글쓰기다.

따라서 글쓰기를 잘하려면 B2B부터 시작해야 한다. 반면 시중의 글쓰기 책은 대부분 B2C 글쓰기를 다룬다. B2B는 와인에만 신경 쓰면 되지만, B2C는 와인뿐만 아니라 글라스도 완성도를 갖추어야 한다.

회사 대표에게 올릴 보고서는 디자인이 화려할 필요가 없다. 보고하려는 내용과 의도를 단순하고 알아보기 쉽게 담으면 된다. '보고서가 형편없다'고 할 때 디자인을 지적하지는 않는다. 장황하고 알아보기 어렵다는 뜻이다.

흔히 '디자인이 뛰어나면 판매가 잘 된다'고 이야기하는데, 이는 품질이 갖추어진 상태에서 디자인이 추가될 때에만 그렇다. 품질이 나쁜데 디자인만 좋다면 살아남기 어렵다. 디자인에 혹해 구매한 소비자가 다시는 그 제품을 사지 않기 때문이다.

'품질도 제대로 구현하지 못하는 업체가 디자인 역량을 갖출 수 있는가?'라고 생각할 수 있겠지만, 요즘은 디자인만 전

완성도의 끝판왕

골드문트 아폴로그 애니버서리.
가격은 6억 5,000만 원(다행히 한 쌍에).

문으로 하는 아웃소싱 업체가 많다. 품질이 떨어져도 멋지게 디자인을 할 수는 있다.

앞서 '이미 와인은 내 안에 완성되어 있고, 필요한 것은 오직 글라스뿐'이라는 생각이 착각이라고 말한 바 있다. 이것은 B2B나 B2C 개념에서도 동일하게 적용된다. 글쓰기를 배우려는 많은 사람이 '내 글의 품질은 완성되어 있고, 필요한 것은 오직 디자인뿐'이라고 착각하기 쉽다.

내용적 완성도는 떨어지면서 현란한 미사여구로 자신의 글 솜씨를 뽐내려는 사람을 많이 본다. 그런 사람들의 특징은 한 글자라도 고치는 것을 무척 싫어한다는 것이다. 반면 포장보다 알맹이를 중시하는 사람은 전문가가 글을 다듬으면 좋아한다.

신기한 것은 제품의 품질이 좋아지면 디자인도 좋아진다는 점이다. 어떻게 하면 소비자가 편리하게 사용할 수 있을지를 고민하다 보면, 고민 없이 직관적으로 단순하게 사용하는 방법을 찾아낸다. 디자인은 그것을 다듬는 과정일 뿐이다.

소비자를 위해 고민을 하지 않고 온갖 스위치를 기기 전면에 덕지덕지 붙여놓은 제품은 아무리 뛰어난 디자이너를 모셔 와도 멋진 디자인으로 포장할 수 없다. 제조업의 본질은 소비자의 경험을 고려하는 마음이다. 소비자는 제품을 쓰면서 생산자가 고민한 의도를 느낀다. '와, 이렇게까지 신경을 쓰다니, 대단한 걸' 또는 '이런 것도 고려하지 않았다니, 무신경하군'이라고 생각할 것이다.

글쓰기도 마찬가지다. '자기만의 세계에 빠진 글'보다 '독자와의 소통을 우선한 글'이 아름다운 글이다.

03

구체성

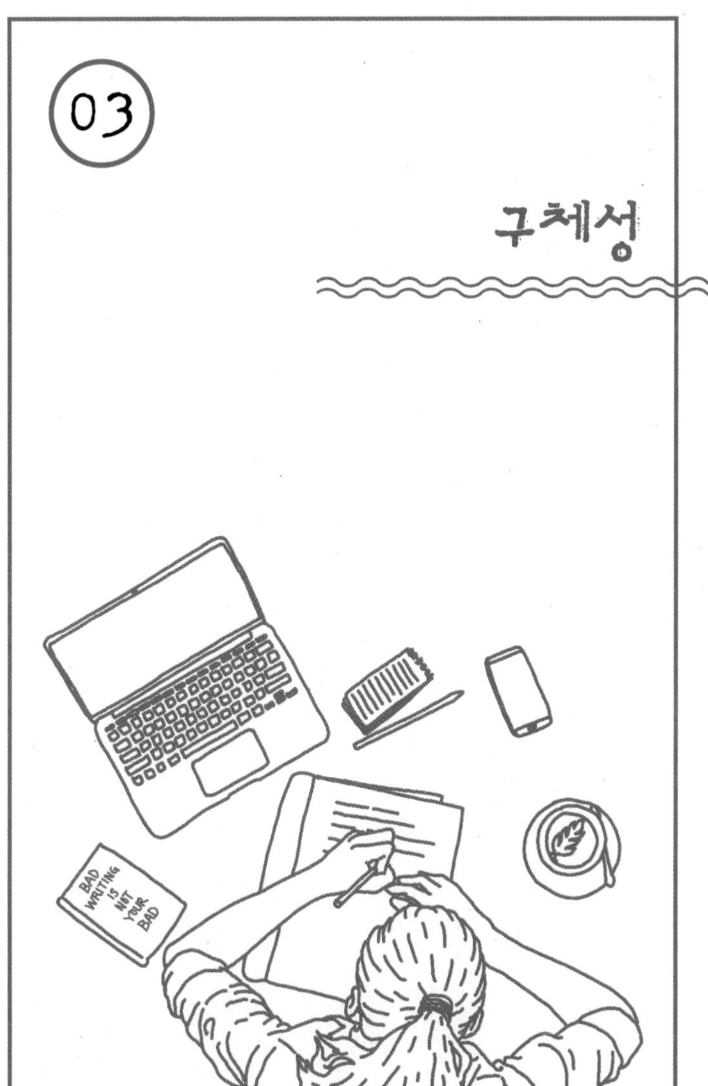

우리는 최선을 다했어.
그래서 뭐?

We did our best. So what?

근경과 원경

외국의 CEO를 인터뷰하는 자리였다.

나 사상 최고 실적을 낸 비결이 무엇입니까?

CEO 우리는 최선을 다했습니다.

나 (한숨 쉬며) 어떤 노력을 기울였습니까?

CEO 고객 만족을 위해 모든 것을 시도했습니다.

뭐가 문제일까? 최선을 다했고, 고객 만족을 위해 모든 것을 시도했기 때문에 최고 실적이 나왔을 것이다. 그런데 상대가 듣고 싶은 말이 그것이었을까? 인터뷰이가 1위를 달리는 프로야구팀 감독이라고 하자.

독자와 청중이 듣고 싶은 말은 "불펜이 약하고 확실한 마무리가 없었는데 좌완 1명, 우완 2명을 보강했다. 타선은 지난해 포지션을 조금 변경했고, 신인 선수들에게 기회를 많이 주면서 기존 주전 선수들과 경쟁 구도를 만들면서 시너지 효과가 발생했다" 같은 말일 것이다.

외국의 CEO와 야구 감독의 답변의 차이는 무엇일까? 바로 구체성이다.

고속도로를 가다가 반대편 차선에서 교통사고 현장을 본 경험이 있을 것이다. 그것은 구경거리다. 내가 탄 자동차 바로 앞에서 사고가 났을 때는 어떨까? 간담을 쓸어내릴 것이다. 사거리에서 보행 신호를 기다리다가, 자동차끼리 충돌해 튕겨진 자동차가 내 옆의 어린이를 치어 사망에 이르렀다면 어떨까? 충격과 공포로 몸이 떨릴 것이다.

멀리서 본 교통사고 현장은 '원경', 내 앞 자동차의 사고는 '중경', 내 옆 사람의 사고는 '근경'이라 볼 수 있다.

<아마겟돈>은 1998년 개봉한 영화로, 개봉한 지 20년도 더 되었지만 2시간 25분이라는 긴 시간 동안 조금도 지루하지 않을 정도로 재미있다.

영화 <아마겟돈>의 도입부에서는 소행성 파편에 맞아 우주왕복선이 폭파된다. 이 장면의 순서는 ① 우주복 팔에 새겨진 성조기가 파편에 맞아 찢어지는 모습 ② 인공위성이 파편에 맞아 폭발하는 장면 ③ 우주왕복선이 폭발하는 장면으로 이어진다.

소행성 파편이 도시를 덮칠 때는 ① 사람이 파편에 맞고 ② 자동차가 산산조각 나고 ③ 빌딩이 파편으로 부서진다.

두 장면은 공통적으로 '근경(①)→중경(②)→원경(③)'의 순서로 이어진다. 왜 그럴까? 앞서 설명한 교통사고처럼 가까이서 목격할수록 심리적 파장이 크기 때문이다.

대규모 제작비를 들인 블록버스터라도 재미가 없는 경우가 있다. 도시가 폭발하는 모습을 보면 "와, 스케일 크네"라고 감탄할 만하지만, 그것만 계속 보여주면 재미가 없다. 근경에 해당하는 것이 없기 때문이다.

원경보다 근경을 만들기가 어렵다. 도시가 폭파되는 장면을 만들기 위해 실제 빌딩을 부수지는 않을 테니, 빌딩 파괴 장면은 CG로 만들어진다. 사무실 안에 수십 명의 아티스트를 모아 놓고 몇 달 간 컴퓨터 작업으로 만들면 된다.

근경을 만들려면 위험한 폭발물을 정교하게 시간차를 두고 터지도록 세팅하고 스턴트맨과 카메라의 합을 맞추어야 한다. NG가 나면 되돌릴 수 없으므로 사전에 면밀한 설계를 바탕으로 수십 번 연습과 리허설을 해야 한다.

촬영지 섭외도 난관이다. 관공서의 허락을 받아 도로를 통

일반적인 스토리텔링의 전개 방식

근경은 심리적 임팩트를 주고, 원경은 이해를 돕는다.

(이것이 늘 정답은 아니다.)

근경 중심의 전개 결과물

대길이(feat. 추노)

제해야 한다. 수백 명의 스태프와 엑스트라를 동원해야 한다. 이것이 힘드니까 생략하고 중경·원경만 만들고는 블록버스터라고 우긴다. 그러면 망한다.

1980년 5·18광주민주화항쟁을 다룬 대표적인 책이 있다. 하나는 한강의 『소년이 온다』, 또 하나는 광주민주화운동기념사업회가 엮은 『죽음을 넘어 시대의 어둠을 넘어』다.

『죽음을 넘어 시대의 어둠을 넘어』는 5·18광주민주화항쟁을 시간순으로 정리한 역사 기록물이다. 읽고 나면 '이런 천인공노할'이라는 말을 내뱉을 것이다. 반면 『소년이 온다』를 읽고 나면 말이 나오지 않는다. 안타까운 마음에 눈시울이 뜨거워지면서 가슴이 먹먹해질 뿐이다.

『죽음을 넘어 시대의 어둠을 넘어』는 큰 그림, 즉 원경이다. 몇 명이 저항하다가 몇 명이 부상당하고 몇 명이 죽었다는 설명 속에 개인의 인생사는 들어 있지 않다. 그러나 『소년이 온다』는 5·18광주민주화항쟁에 휘말린 중학생 한 명의 이야기를 그렸다. 근경에 해당한다.

좋은 정보에는 사람들이 귀를 기울인다. 그러나 그것을 1시간 이상 듣기는 쉽지 않다. 시간 가는 줄 모르고 듣게 하려면 원경이 아닌 근경이 있어야 한다. 근경이 몰입도가 강하기 때문이다.

근경적 사고와 원경적 사고

한국 사회에 부족한 것이 무엇이냐고 묻는다면, 나는 근경적 사고라고 말하겠다. 애플과 삼성의 초기 스마트폰 광고를 통해 근경적 사고와 원경적 사고를 살펴보자.

2008년 아이폰3G 광고는 손으로 아이폰을 조작하는 모습을 보여주면서 "3G란 정확히 무엇일까?"라고 묻는다. 이어 "뉴스를 2배 빠르게 볼 수 있고, 길을 2배 빨리 찾을 수 있고, 다운로드를 2배 빨리 할 수 있다"고 설명한다. 2007년 첫 출시된 아이폰에 비해 속도가 2배 빨라졌다는 것을 스펙으로 설명하지 않고 경험으로 설명한다.

이전까지 IT 제품의 광고는 CPU 속도나 메모리 용량처럼 '스펙' 위주의 설명이 대부분이었다. 우리는 그런 방식에 익숙하다. 그러나 수치만으로 일반 소비자는 그 제품이 기능적으로 어떻게 개선되었는지 알지 못한다. '얼리어댑터'나 '덕

후'라야 수치를 이해할 수 있다.

2007년 아이폰 티저 광고는 할리우드 영화 중 전화를 받으면서 '헬로'를 외치는 장면 30개를 21초 동안 이어 붙인다. 이후 아이폰을 보여주고 '6월 출시Coming in June'라는 자막으로 마무리된다.

이 광고의 의미는 컴퓨터 회사인 애플에서 신제품이 나오지만, '이것은 여러분들이 지금까지 쓰던 전화기일 뿐'이라는 것이다. 전문가만 쓰는 것도 아니고, 업무를 볼 때만 쓰는 것이 아닌 일상적인 도구라는 점이다.

한국의 어느 중소기업이 신제품을 설명했다면, 기술적 성취 과정이나 제품 스펙에 대해 설명했을 것이다. 그러나 애플의 광고는 항상 최종 소비자의 경험을 기준으로 제품을 설명한다.

부끄럽게도 2013년에 나온 삼성전자 갤럭시기어 광고는 할리우드 영화 중 손목시계가 무전기로 쓰이는 장면 21개를 묶어서 제작되었다. 2007년 아이폰 티저 광고의 아이디어를 그대로 베낀 것이다. 마지막에 시계를 보여주는 듯하다가 전화벨 소리가 울리는 장면에서 끝나는 점도 아이폰 티저 광고

Hello!

이것은 얼리어댑터용이 아니라, 그냥 전화기라니까.

와 흡사했다.

초기 아이폰 광고는 기능을 설명하다가 마지막에 전화벨 소리가 울리는 장면으로 끝났다. '이것은 첨단 기기가 아니라 전화기일 뿐'이라는 뜻이다.

갤럭시기어 광고를 보면서 왠지 낯이 후끈거린다. 베껴도 이렇게 대놓고 베낄 수가 있을까? 애플은 2010년에 나온 갤럭시S의 외관이 아이폰을 베꼈다는 이유로 특허소송을 제기하기도 했다.

2007~2009년 스마트폰 태동기를 지나면서 삼성전자의 광고도 '애플스럽게' 변해갔다. 그렇지만 기존의 모습을 완전히 벗어나지는 못했다. 신제품에 장착된 기술을 사용하는 모습을 보여주기도 하지만, 대개 쾌활한 느낌의 팝송을 배경으로 멋진 남녀가 제품을 쓰면서 즐거운 모습을 보여주는 것이 많다. 애플의 광고는 지금도 소비자가 기능을 제대로 활용하는 모습을 보여준다.

애플의 방식이 근경적 사고다. 광고 전문가가 되려는 사람이 있다면 광고를 근경적 사고로 바라보아야 한다. 제품을 스펙 위주로 이해하려는 방식은 원경적 사고다. 소비자는 근경

근경이 있어야 한다니까.

그러니 나를 출연시켜줘.

적 사고에 더 끌린다.

청년 실업에 대해 쓴 언론 보도를 보자. 입사원서 100번 쓴 A, 10년째 공무원 시험 준비 중인 B, 구직을 포기하고 아르바이트하는 C의 사례를 먼저 소개한다. 그 후 청년 실업률과 정부 대책을 설명한다.

근경을 먼저 보여주는 것이 그렇지 않은 것보다 몰입도가 강하다. 청년 3명의 사례 없이 바로 통계 수치를 설명하면 지루해서 보기 힘들다. 근경·중경·원경의 순으로 보여주는 영화의 기법을 실무적 글쓰기에도 응용했다. 일종의 스토리텔링이다.

숙련된 기자라도 근경을 무시하고 원경 위주로 쓰려는 성향이 있다. 팀장에게 취재한 내용을 보고할 때는 디테일을 동원해 흥미진진하게 이야기를 해놓고서는 정작 기사에는 근경에 해당하는 요소는 쏙 빼먹은 채 원경만 쓰는 기자가 꽤 많다.

그렇게 하는 이유는 스펙터클한 기사를 쓰고 싶은 의욕 때문이다. 빌딩이 부서지는 모습을 원경으로 보여주어야 '스케일이 크다고 감탄하겠지'라고 생각하는 것이다. 중요한 사건 어깨에 힘을 줄수록 임팩트는 약해진다.

오른쪽으로 100미터 가겠지.

을 속보로 전하려면 큰 그림부터 파악하는 것이 중요하다.

그런데 주간지·월간지 스타일의 긴 글을 쓸 때라면 큰 그림보다 세밀한 그림이 임팩트를 줄 수 있다. 어깨에 힘을 주면 오히려 임팩트가 떨어지고, 힘을 빼면 임팩트가 커진다.

골프나 야구에서 몸에 힘을 빼야 공을 더 멀리 보낼 수 있는 것과 마찬가지다. 고수는 몸에 힘을 빼고 유연함을 바탕으로 '스위트 스폿'을 맞추려고 하지만, 하수는 몸에 힘이 잔뜩 들어가 '삑사리'가 난다.

실용적인 글쓰기에서 한 페이지짜리 짧은 보고서를 쓰려면 줄거리 중심의 큰 그림이 중요하겠지만, 분량이 많아지면 큰 그림만으로는 지루해진다. 10분짜리 발표라면 팩트 위주의 간결한 설명이 중요하지만, 1시간 이상의 발표를 하려면 관객을 들었다 놨다 해야 한다.

영화는 압축적인 형태의 스토리텔링이다. 소설은 읽다가 지치면 잠시 덮고 휴식을 취한 뒤 다시 읽으면 된다. 영화는 휴식 없이 2시간을 연속적으로 봐야 하므로 잠시도 지루할 틈을 주지 않아야 한다.

실용적인 글쓰기와 말하기에서도 영화적 기법을 사용하면

사람 말이 말 같지 않니?

말이란 무엇인가?
(feat. 추석이란 무엇인가?)

스토리텔링을 극대화할 수 있다. 근경을 통해 심리적 임팩트를 주는 것이다.

교장 선생님 말씀은 왜 재미가 없을까?

"사람 말이 말 같지 않니?"

"내가 이야기하는데, 왜 먼 산 보고 있니?"

"내가 이야기할 땐 스마트폰 보지 마!"

꾸지람을 들을 때 많이 들어본 말이다. 그런데 '사람 말'에 귀 기울이지 않는 것이 듣는 사람의 잘못일까?

회사에서 부장, 차장, 과장, 대리가 점심식사를 하고 있다. 부장·차장·과장은 30~40대 남자이고, 대리는 20대 여자다. 대리가 밥을 반만 먹고 숟가락을 내려놓았다.

부장 너 왜 밥을 그것밖에 안 먹어?

대리 다이어트 중이라서요.

차장 다이어트? 요즘 황제 다이어트가 유행이라는데 그

그만

왜
밥을 그것밖에
안 먹어?

다이어트?
요즘 황제 다이어트가
유행이라는데?

요즘
디톡스 다이어트가
유행이라는데
그건 어때?

아냐,
살 빼는 데는
운동이 최고지.

이 대리가 잘못했네

걸 해보는 게 어때?

과장 요즘 디톡스 다이어트가 유행이라는데 그건 어때?

부장 아냐, 살 빼는 데는 운동이 최고지.

대리 …….

대리가 그 다이어트 방법들을 몰랐을까? 대리가 가장 많이 알아보았고, 가장 많이 시도해보았다. 남자 상사들이 하는 이야기는 다이어트에 관심이 없는 사람들이 어쩌다 한 번씩 들어본 이야기를 하는 것이다. 하나 마나 한 이야기다. 잘 모르면 남의 일에 잔소리를 하지 말아야 한다.

대리가 듣고 싶은 말은 무엇일까? 대리와 같은 수준으로 고민하고 직접 시도해본 사람의 경험담이다. '운동을 하면 다이어트에 좋다'가 아니라, 어떤 곳에서 정보를 알아보고, 어떤 운동을 했는지, 헬스클럽의 가격·시설·코치에 대한 정보가 필요한 것이다.

구체성의 뎁스Depth

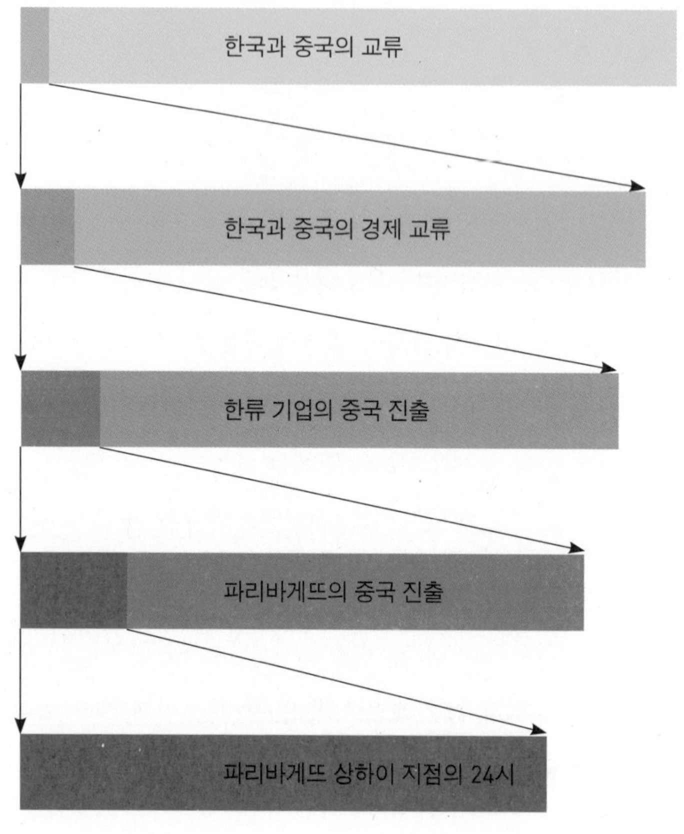

범위를 좁혀야 듣는 사람이 귀를 쫑긋할 스토리가 나온다.

구체성의 뎁스

대학교 수업 시간, '한중 관계'에 대해 2주 뒤 5분간 발표하라는 과제를 받았다. 주제를 어떻게 잡을까?

① 한국과 중국의 교류

백과사전 10권도 모자랄 주제다. 범위가 너무 넓다. 교수가 10년 넘게 연구해도 못할 일을 학생이 2주 만에 할 수 있을까? 이 주제를 다루더라도 일부만을 다룰 수 있을 것이다.

② 한국과 중국의 경제 교류

경제로 범위를 좁히면 정치, 사회, 스포츠, 예술 등은 제외할 수 있다. 백과사전이 10권에서 1권으로 줄어든다. 이마저도 대학생이 2주 만에 쓰기에는 버겁다.

③ 한류 기업의 중국 진출

'한국'이 아닌 '한류 기업'으로 범위가 좁혀졌다. 이제는 구체적인 그림이 그려진다. 한류 기업들을 고르면 되니까. 그러나 이것도 범위가 넓다. 중국에 진출한 한국의 기업을 모두 조사할 수는 없는 노릇 아닌가.

④ 파리바게뜨의 중국 진출

수많은 기업 중 딱 하나의 중국 진출 기업을 골랐다. 범위가 확 좁혀졌다. 그러나 파리바게뜨가 중국에 진출하기까지 히스토리만도 분량이 꽤 되고, 중국 내 파리바게뜨 매장도 많다. 그것을 조사해서 정리하는 데만도 상당한 시간이 필요하다.

⑤ 파리바게뜨 상하이 지점의 24시

중국에 대해서 아무것도 모르는 학생이라도, 상하이에 보내주기만 한다면 이것은 쉽게 쓸 수 있다. 아침에 문을 여는 모습, 중국인 고객이 몰려드는 모습, 중국 고객들의 반응, 매장 직원의 반응 등을 통해 중국 내 한국 기업의 인기와 위상을 체감할 수 있다.

①~⑤ 중 어떤 주제가 가장 사람들의 주목을 받을까? ⑤일 것이다. 대부분 파리바게뜨 상하이 지점에 가보지 않았을 것이므로 그가 보여주는 그림과 하는 말에 모두 귀를 쫑긋할 것이다.

①~④에는 아무도 귀를 기울이지 않을 것이다. 다들 어디선가 그 정도는 들어보았기 때문이다. ⑤ 수준의 구체성을 벗어나는 순간 청중은 스마트폰을 만지작거리기 시작할 것이다. 듣는 사람이 딴청을 피우는 것은 듣는 사람 잘못이 아니라, 말하는 사람의 잘못이다.

⑤ 수준의 구체성을 확보하는 쉬운 방법은 '일반명사'가 아닌 '고유명사'로 주제를 잡으면 된다. 고유명사란 세상에 하나밖에 없는 대상을 가리키는 말이므로, 그 자체로 구체성이 생긴다.

인턴사원이나 수습사원에게 기획안을 내라고 하면 대개 ①~④와 같은 주제를 적어낸다. 이때 신입사원의 의도는 두 가지로 구현된다.

첫째, 구체성이 빠진 채 줄거리만을 나열하는 방식이다. ② 수준의 내용을 줄거리만 나열해서 ①의 주제를 완성한다. 마

우리는 민족 중흥의 역사적 사명을 띠고 이 땅에 태어났다. 조상의 빛난 얼을 오늘에 되살려, 안으로 자주독립의 자세를 확립하고, 밖으로 인류 공영에 이바지할 때다. 이에, 우리의 나아갈 바를 밝혀 교육의 지표로 삼는다. 성실한 마음과 튼튼한 몸으로, 학문과 기술을 배우고 익히며, 타고난 저마다의 소질을 계발하고, 우리의 처지를 약진의 발판으로 삼아, 창조의 힘과 개척의 정신을 기른다. 공익과 질서를 앞세우며 능률과 실질을 숭상하고, 경애와 신의에 뿌리박은 상부상조의 전통을 이어받아, 명랑하고 따뜻한 협동 정신을 북돋운다. 우리의 창의와 협력을 바탕으로 나라가 발전하며, 나라의 융성이 나의 발전의 근본임을 깨달아, 자유와 권리에 따르는 책임과 의무를 다하며, 스스로 국가 건설에 참여하고 봉사하는 국민 정신을 드높인다.

청중이 스마트폰을 만지작거리는 순간

찬가지로 ③ 수준의 줄거리를 나열해서 ②의 주제를 완성하는 식이다.

둘째, ①~④와 같은 주제를 적어낸 뒤 ⑤와 같은 리포트를 내는 것이다. 주제가 어떻든 간에 결과물은 준수하다. 그렇다면 처음부터 ⑤와 같은 기획안을 내야 한다. 이해는 간다. ⑤를 처음에는 떠올리지 못했지만, ①~④를 제출한 뒤 고민한 결과로 ⑤가 나온 것이다. 그래도 두 번째처럼 결과물을 도출한 신입사원은 인정을 받을 것이다.

우수한 성적으로 고등학교와 대학교를 졸업한 신입사원의 기획안 수준이 초보 수준에 그치는 것은 한국의 교육과정이 첫 번째 방식의 학습을 요구하기 때문이다. 서구 선진국에서는 두 번째 방식의 학습을 요구한다. 한국에서 두 번째 방식의 기획·작성법은 직장에 들어와야 비로소 배우게 된다.

한국의 청년들이 대학교를 졸업하고 취업을 하는 시기는 군필 남자는 거의 30세에 가깝다. 미국이나 유럽의 학생들은 어릴 때부터 구체성에 대한 교육을 받다 보니 한국의 30세는 서구 선진국의 20대 초반과 비슷한 지적 수준을 갖게 된다. 그 대신 한국의 직장인은 40대가 넘어서면서 서구 선진국의 글쓰기를 못하는 게 나 때문이라고?

취업하면 서른

40대와 비슷한 수준을 갖게 되는데, 이는 미국 직장인이 하루 8시간 일할 때 한국 직장인은 12시간을 일해왔기 때문이다(2015년 한국의 근로자 1인당 연간 평균 노동시간은 2,133시간이다. 멕시코가 2,246시간으로 1위이고, 한국이 2위다. OECD 평균은 1,766시간이었다).

독서 교육의 중요성 때문에 중고등학생들이 『부활』, 『대지』, 『파우스트』 같은 세계문학을 읽기도 한다. 원전은 분량이 많기 때문에 압축본을 읽는 경우가 많다. 시간이 부족해 500페이지짜리 3권 분량(총 1,500페이지)의 책을 250페이지짜리 압축본 1권으로 대체하는 것이다.

아예 안 읽는 것보다 그것이라도 읽는 것이 낫지만, 압축본으로 그 책을 읽었다고 만족해서는 안 된다. 앞서 말했듯이 스토리텔링을 하려면 근경이 있어야 한다. 압축본은 근경을 대부분 생략하고 중경과 원경만을 연결해놓은 것이다. 줄거리는 파악할 수 있지만, 작가가 의도한 감정을 느끼지 못한다. 문학작품의 목적은 줄거리를 파악하는 것이 아니라 기쁨, 슬픔, 분노, 카타르시스를 느끼는 것이다.

'잘 쓰려면 많이 읽어야 한다'는 말이 있다. 맞는 말이다.

작가가 의도한 구체성은 원전을 읽어야 알 수 있다.

그런데 근경이 생략된 책들은 아무리 읽어도 글쓰기에 도움이 안 된다. 근경·중경·원경이 어떻게 연결되는지를 봐야 비슷하게라도 흉내를 낼 수 있다. 중고등학생들은 어쩔 수 없지만, 직장인들이 독서모임을 하려면 적어도 압축본이 아닌 원전을 읽어야 한다.

'말하듯이 쓰라'는 어떤 의미일까?

'말하듯이 쓰는 것이 가장 좋다'는 말을 들어보았을 것이다. 이 말에는 오해가 있는 것 같다. 우선 말과 글의 차이를 알아보자.

남편이 박사과정을 밟느라 생활비를 못 벌고 아내가 허드렛일로 생계를 유지하는 부부가 있다. 어느 날 남편이 진지하게 "내가 어제 교수님과 이야기를 좀 해봤는데"라고 이야기를 했다. 그 뒤에 어떤 말이 올까?

남편이 들뜬 표정으로 이야기를 하면 "박사과정 끝나고 조교수 제안 받았어!"라는 말이 올 것이고, 침울한 표정으로 이야기를 하면 "우리 학교에는 조교수 자리가 없대!"라는 말이

밝은 표정일 때

"박사과정 끝나고 조교수 제안 받았어!"

우울한 표정일 때

"우리 학교에는 조교수 자리가 없대!"

올 것임을 짐작할 수 있다. 그런데 글로 "내가 어제 교수님과 이야기를 좀 해봤는데"라고 쓴다면 어떨까? 아무것도 짐작할 수 없다.

말과 글은 차이가 있다. 말은 연극, 글은 영화에 가깝다. 연극은 줄거리보다 배우의 표정·어조·음색·몸짓을 보는 것이 목적이다. 배우의 표정이나 몸짓 등 비언어적인 것까지 전달되기 때문이다. 때로는 내용보다 퍼포먼스적인 요소가 중요할 때도 있다.

결혼식 사회자를 예로 들 수 있다. 사회자가 하는 말 중에 정말 중요하고 빠뜨리면 큰일 나는 정보가 있는가. 그의 역할은 정보 전달이 아니라 분위기를 띄우는 것이다. 밝은 표정, 매력적인 목소리, 유머러스한 어휘 사용이 목적이다.

연극에서는 장면이 바뀌지도 않은 채 배우가 계속 대사를 말해도 지루하지 않다. 영화에서 그렇게 하면 지루해서 못 본다. 매력적인 사람을 직접 보고 있으면 1시간도 볼 수 있지만, 가만히 있는 모습을 동영상으로 본다면 1분만 지나도 지루해질 것이다. 영화는 화면에 보이는 것 외에 판단할 부가정보가 없다. 카메라, 편집, 음향, 특수효과 등을 계속 바꿔가며

말 is…

매력적인 사람을 직접 보고 있으면 1시간도 볼 수 있지만,
가만히 있는 모습을 동영상으로 본다면 1분만 지나도 지루해질 것이다.

글 is…

보여주어야 한다.

영화 <아마겟돈>의 도입부를 보자. 소행성 파편이 떨어져 우주왕복선이 파괴되고, 도시가 쑥대밭이 되고, 나사 직원들이 허블 망원경을 움직여 소행성의 정체를 인지하고, 대통령과 회의를 한다. 이 많은 과정을 보여주는 데 10분밖에 걸리지 않는다.

특수효과를 배제하고 상황극으로만 꾸민다고 해도 연극으로 10분 동안 이 내용을 표현하기는 불가능하다. 말은 즉흥적이고 내용 외적인 요소를 어필해야 하지만, 글은 내용 외적인 요소가 없으므로 정제되고 압축적이어야 한다.

설명을 말로 할 때는 접속사를 많이 쓰거나, 설명을 반복하거나, 같은 어휘를 쓰더라도 양해가 된다. 말은 허공으로 사라지므로 상대방이 내 이야기를 잘 따라오도록 하기 위해서는 방향이 바뀔 때마다 안내를 해야 한다.

버스에서 "잠시 후 커브길이오니 손잡이를 꼭 잡아주십시오"라고 안내 방송을 하는 것처럼 '그러나', '그래서', '사실은', '그런데' 같은 접속사는 '내가 이제 이런 이야기를 할 것이다'라는 가이드 역할을 한다.

동일한 내용을 글로 표현할 때는 그러한 접속사들이 필요가 없다. 자신이 예상했던 방향이 아니라 이해가 잘 되지 않으면 앞 문장으로 되돌아가 다시 읽으면 된다. 물론 급격한 방향 전환은 예고를 할 필요가 있지만, 말할 때보다 절제되어야 한다.

'말하듯이 쓰라'고 해서 진짜로 말한 것을 그대로 글로 옮기면 도저히 읽기 어렵다. "사실 우리가 정말 기억해야 할 것들은 따로 있는 것이 아니다"라는 내용을 말로 들으면 자연스럽다. 그런데 이것을 글로 옮기면 지루해진다. 글은 "우리가 기억할 것은 따로 있지 않다"라고만 써도 충분하다. 글과 말의 전달 속성이 다르기 때문이다.

반박이 있을 수 있다. "그렇게 쓰면 무미건조한 문장이 되지 않느냐"는 것이다. 그러나 사람들이 착각하는 것 중 하나가 정보량에 비해 표현량이 많으면 '표현력이 좋다'고 여긴다는 것이다. 그런데 실은 반대다.

앞서 어깨에 힘을 줄수록 임팩트는 떨어진다고 설명했다. 표현량도 마찬가지다. 많은 정보량을 최소의 표현량으로 써야지, 최소의 정보량을 고무줄처럼 쭉 늘리면 표현력이 좋은 것이 아니라 지루한 문장이 된다.

그렇다면 '말하듯이 쓰라'는 것은 도대체 무엇일까? 다음은 인터넷에서 흔히 볼 수 있는 맛집 블로그 글이다.

> 일요일에 ○○○ 디저트 가게에 갔어요. 입구는 분위기가 있네요. 실내는 블링블링. 메뉴만 봐도 침이 꿀꺽. A, B를 주문했어요. 이렇게 예쁘게 나왔어요. 맛이 어떨까 궁금해지네요. 정말 맛있어요. 다음에 친구랑 또 와야겠어요.

1인칭 시점으로 직접 보고 들은 경험을 쓴 것이다. 그 가게에 가보지 않은 사람들에게는 처음 보고 듣는 내용이므로 몰입도가 높다.

그런데 '세계 경제의 불황과 원인'에 대해서 1인칭 시점으로 쓸 수 있을까? 미국 연방준비위원회 의장을 지낸 앨런 그린스펀, 벤 버냉키, 재닛 옐런, 제롬 파월 정도면 경험을 바탕으로 쓸 수 있을 것이다. 대부분의 사람들에게 '세계 경제의 불황과 원인'은 남의 이야기를 써야 하기 때문에 구체성을

레트로 감성 뿜뿜, 힙지로 커피한약방 탐방기

일요일이라 오빠와 함께 요즘 핫하다는
을지로 커피한약방을 가보았어요.

들어가는 입구가 살짝… 찾기 어려울 수 있어요.
좁은 골목이라 겨우 찾을 수 있었어요.

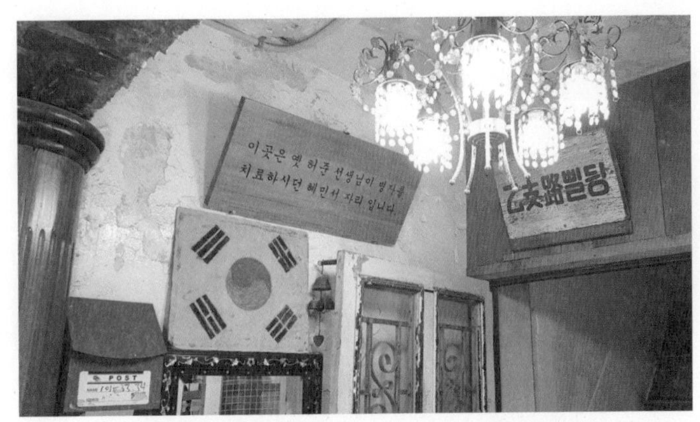

커피한약방으로 지은 이유가 나오네요.
허준 선생님이 진료하던 혜민서 자리라고 해요.

주문하는 곳이에요.
손님이 많아 분주한 모습이네요.

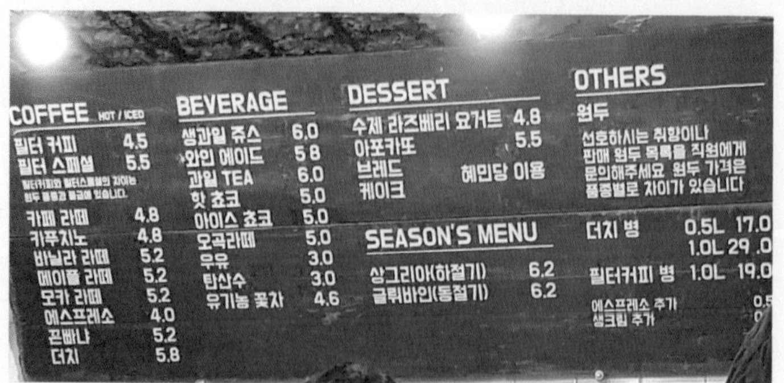

COFFEE HOT / ICED
필터 커피 4.5
필터 스페셜 5.5
카페 라떼 4.8
카푸치노 4.8
바닐라 라떼 5.2
메이플 라떼 5.2
모카 라떼 5.2
에스프레소 4.0
콘빠나 5.2
더치 5.8
BEVERAGE
생과일 쥬스 6.0
와인 에이드 5.8
과일 TEA 6.0
핫 쵸코 5.0
아이스 쵸코 5.0
오곡라떼 5.0
우유 3.0
탄산수 3.0
유기농 꽃차 4.6
DESSERT
수제 라즈베리 요거트 4.8
아포카또 5.5
브레드
케이크
혜민당 이용
SEASON'S MENU
상그리아(하절기) 6.2
글뤼바인(동절기) 6.2
OTHERS
원두
선호하시는 취향이나
판매 원두 목록을 직원에게
문의해주세요 원두 가격은
품종별로 차이가 있습니다
더치 병 0.5L 17.0
1.0L 29 .0
필터커피 병 1.0L 19.0
에스프레소 추가
생크림 추가

저희는 필터 스페셜을 주문했어요.

직접 드립커피를 내리는 모습.

짜잔~ 커피가 나왔어요.

자리가 없어서 바로 앞 가게로 가라고 안내해 주시네요.
혜민서 자리라 이름이 혜민당이네요.

분위기가 뭐랄까, <미스터 션샤인>의 주인공이 된 기분이에요.
다른 데서 볼 수 없는 디저트가 눈에 띄어요!

프로마주 유자와 생 초콜릿을 주문했어요.
프로마주 유자는 양파처럼 보이지만 생크림처럼 부드러워요.

커피원두를 직접 볶는 모습.

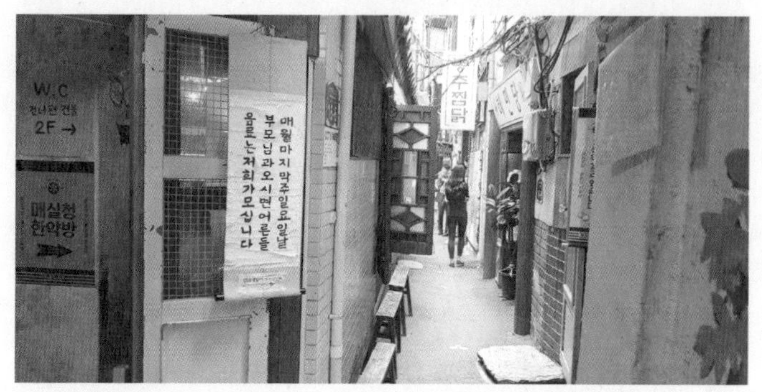

마지막주 일요일에 부모님과 함께 또 와야겠어요~^^

<끝>

※ 저자는 커피한약방에서 아무런 협찬을 받지 않았습니다.

너희가 경제를 알아?

그걸 아는 사람이 금융위기의 씨앗을….

확보할 수 없고 지루한 이야기가 되어버린다.

그렇다면 직접 경험하지 않으면 말하지도 듣지도 말아야 하는 것일까? 여기서 말하려는 것은 충분히 재미있게 이야기할 만한 경험을 갖고 있으면서도 지루하게 말하지 말라는 것이다. 동문회 30주년에서 1기 졸업생이 연설을 하는 상황을 보자.

> ① 뜻 깊은 30주년을 맞이한 것을 축하드립니다. 이를 계기로 우리 동문회는 더욱 발전할 수 있을 것입니다. 여러분 모두 한마음 한뜻이 되어 동문회 발전에 이바지 해주시기 바랍니다.(남 이야기)

> ② 30년 전 동문회를 할 때 서울 종로 뒷골목 포장마차에 모여 노가리에 소주를 마셨는데, 오늘 이렇게 특급 호텔에서 모이니 감회가 새롭습니다.(자기 이야기)

①과 ② 중에 어떤 것에 청중이 귀 기울일까? ①은 아무런 정보가 없다. 그냥 축사를 하라니 형식으로만 격식을 갖춘 것

글쓰기가 어렵다는 생각의 근원

[문제 1] 〈제시문 1〉~〈제시문 7〉은 기술 발전에 따른 사회변동에 관한 견해를 담고 있다. 이 제시문들을 서로 다른 두 입장으로 분류하고, 각 입장의 논지를 정리하시오.(30점)

〈제시문 1〉

데이비드 셍크는 더 많은 정보가 반드시 좋은 것인지에 대한 의문을 제기하며 불필요한 정보들이 지나치게 많이 유포되는 현상을 '데이터 스모그(data smog)'라고 표현하였다. 그는 인터넷의 발달로 정보의 유통속도가 빨라지기는 했지만 한편으로는 불필요한 정보나 허위 정보들이 마치 대기 오염의 주범인 스모그처럼 가상공간을 어지럽히고, 정보 부족에 시달리던 과거와 달리 현대인들은 정보 과잉에 시달리고 있다고 진단하였다. 각종 매체들이 자신 앞에 던지는 수많은 정보들 중에서 불필요한 것들을 걸러내는 일이 더욱 중요해졌다.

〈제시문 2〉

노동총량의 오류를 지적하는 학자들이 있 … 자 경영전략가인 피터 슈왈츠는 인류에게 필
요한 기술이 모두 발명되거나 발견되 … 과거 새로운 기술들처럼 풍요로운 수준
의 일자리를 만들어낼 수 없다는 주 … 은 인류의 기술 도약 능력을 과소평가
하는 것이며, 기술은 새로운 전환 … 은 신산업들을 만들어 현재 존재하지
않는 많은 다양한 직업들이 생기 … 미국인들은 농식품의 풍요함을 누리면
서도 50여 년간 농업의 엄청난 … 한다. 그러나 기술이 발전하면서 50년
전에는 농부들이 생각하지 … 계 관련 개발자와 수리공이라는 직업이
탄생하였다.

〈제시문 3〉

미국의 매시 … 있는 데이비드 팅 박사는 인공
지능이 기 … 그렇다고 인공지능이 의사
를 대체하 … 찾아내고 진료 추적까
지 해주 … 사의 믿음직한 파
트너 … 기 때문에 환자
에게 … 더욱 정교한 … 고, 세계 어디에서
나 보

뿐이다. ②는 경험이 담겨 있다. '아, 옛날에 그랬구나'라고 귀를 기울이게 된다.

'말하듯이 쓰라'는 것은 이처럼 자신이 겪은 구체적인 경험을 이야기하라는 것이다. 남의 이야기는 다른 사람들도 어디선가 한 번은 들어보았기 때문에 눈이 스마트폰으로 가게 된다. 반면 자신이 경험한 이야기는 구체성이 있으므로 귀를 기울인다.

왜 말하듯이 글을 쓰지 못하는 것일까? 두 가지 이유가 있다. 첫째는 자신만의 경험이 없기 때문이다. 둘째는 자신의 경험을 콘텐츠화하는 능력이 부족하기 때문이다. 중고등학생들이 글쓰기를 어려워하는 이유는 논술 과제가 '나의 이야기'와는 아무런 상관없는 이야기를 쓰는 데 초점이 맞추어져 있기 때문이다. 이는 한국 교육제도의 잘못이다.

직장생활을 어느 정도 하면 많은 경험을 하게 되고 자신만의 전문성이 생긴다. 직장인들에게는 두 번째 이유인 경험을 콘텐츠화하는 능력이 부족하다.

앞서 언급했던 "내가 이야기할 땐 스마트폰 보지 마"에서 잘못한 사람이 누구인지 이제 짐작할 것이다. 내가 말하는

데 상대가 스마트폰을 본다면, 범인은 듣는 사람이 아니라 말하는 사람이다. 현실에서는 범인이 피해자에게 호통을 치지만…….

04

단순성

혹시 우리 아이가 천재?

당신의 아이가 아니라, 스티브 잡스가 천재입니다.

우리 아이가 천재일까?

"내 말을 왜 못 알아듣니?"

"방금 설명했잖아!"

"자료에 다 나와 있잖아."

"인터넷에 다 나오잖아."

상대의 이야기를 못 알아들으면 누구의 잘못일까? 이번에는 질문의 의도를 눈치챘을 것이다.

한국에 스마트폰이 첫 도입된 시기는 2009년 말 KT가 아이폰 1세대를 판매하면서다. 본격적으로 보급된 것은 2010년 6월 삼성전자가 갤럭시S1을 출시하면서부터다.

당시 회사에서 갤럭시S 대량구매를 했다. 이사, 부장, 차장, 일반 기자들이 같은 날 회사로 배달된 갤럭시S를 받았다. 스마트폰을 처음 보다 보니 전화를 어떻게 받는지 모르는 사람이 많았다. 여럿이 머리를 맞대고 궁리한 끝에 전화 받는 방법을 알아냈을 때는 환호성을 지르기도 했다.

스마트폰 도입 초기는 이처럼 혼란스러웠다. 이때 트위터

복잡성 총량 동일의 법칙

① 생산자가 복잡성을 조금 떠안을 때

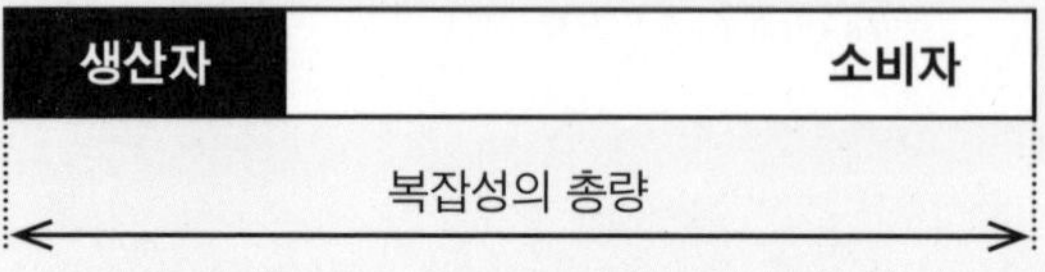

소비자가 많은 복잡성을 떠안아야 한다.

② 생산자가 복잡성을 많이 떠안을 때

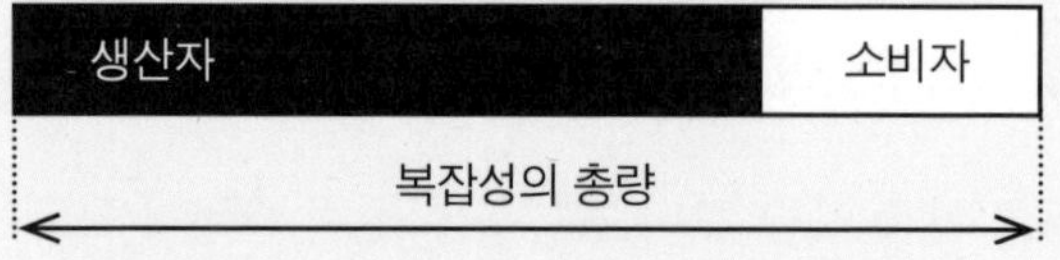

소비자는 복잡성을 조금만 떠안으면 된다.

에서 본 에피소드가 있다.

> 갓 돌이 지난 아기에게 아이패드를 쥐어주었더니 능숙하게 갖고 논다. 이를 본 아이 아빠가 말했다.
>
> "혹시 우리 아이가 천재 아닐까?"
>
> 그러자 옆에 있던 IT 전문가가 말했다.
>
> "당신의 아이가 아니라, 스티브 잡스가 천재다."

'복잡성 총량 동일의 법칙'이 있다. 야후와 아마존의 전 UIUser Interface 책임자인 래리 테슬러가 한 말이다. 생산자에게서 소비자에게 전달되는 복잡성의 총량은 동일하기 때문에, 생산자가 복잡성을 많이 떠안으면 소비자에게 전달되는 복잡성은 최소화된다. 반대로 생산자가 복잡성을 떠안지 않으면 소비자가 모든 복잡성을 떠안아야 한다.

지하철 노선 정보를 텍스트로만 제공한다면?

지하철 노선도를 텍스트로 전달해야 한다고 생각해보자.

1호선

(소요산-인천 구간)소요산-동두천-보산-동두천중앙-지행-덕정-덕계-양주-녹양-가능-의정회룡-망월사(신흥대학)-도봉산-도봉-방학-창동-녹천-월계(인덕대학)-광운대-석계-신이문-외대앞-회기-청량리(서울시립대입구)-제기동-신설동-동묘앞-동대문-종로5가-종로3가-종각-시청-서울역-남영-용산-노량진-대방-신길-영등포-신도림-구로-구일(동양공전앞)-개봉-오류동-온수(성공회대입구)-역곡(가톨릭대앞)-소사(서울신대)-부천(부천대입구)-중동-송내-부개-부평-백운-동암-간석-주안(인하대학교)-도화-제물포(인천대앞)-도원-동인천-인천

(소요산-신창 구간)소요산-동두천-보산-동두천중앙-지행-덕정-덕계-양주-녹양-가능-의정회룡-망월사(신흥대학)-도봉산-도봉-방학-창동-녹천-월계(인덕대학)-광운대-석계-신이문-외대앞-회기-청량리(서울시립대입구)-제기동-신설동-동묘앞-동대문-종로5가-종로3가-종각-시청-서울역-남영-용산-노량진-대방-신길-영등포-신도림-구로-가산디지털단지-독산(하안동입구)-금천구청-광명-석수-관악-안양-명학(성결대앞)-금정-군포-당정(한세대앞)-의왕(철도대학)-성균관대-화서-수원-세류-병점-서동탄-세마-오산대-오산-진위-송탄-서정리-지제-평택-성환-직산-두정-천안-봉명-쌍용-아산-배방-온양온천-신창(순천향대)

2호선

시청-을지로입구-을지로3가-을지로4가-동대문역사문화공원-신당-상왕십리-왕십리(성동구청)-한양대-뚝섬-성수-건대입구-구의(광진구청)-강변(동서울터미널)-잠실나루-잠실(송파구청)-잠실새내-종합운동장-삼성(무역센터)-선릉-역삼-강남-교대(법원·검찰청)-서초-방배-(백석예술대)-사당-낙성대-서울대입구(관악구청)-봉천-신림-신대방-구로디지털단지(원광디지털대)-대림(구로구청)-신도림-문래-영등포구청-당산-합정-홍대입구-신촌(지하)-이대-아현(추계예술대)-충정로(경기대입구)-시청

3호선

대화-주엽-정발산-마두-백석-대곡-화정-원당-삼송(농협대입구)-지축-구파발-연신내-불광-녹번-홍제(서울문화예술대)-무악재-독립문-경복궁(정부서울청사)-안국-종로3가-을지로3가-충무로-동대입구-약수-금호-옥수-압구정-신사-잠원-고속터미널-교대(법원·검찰청)-남부터미널(예술의전당)-양재(서초구청)-매봉-도곡-대치-학여울-대청-일원-수서-가락시장-경찰병원-오금

4호선

당고개-상계-노원-창동-쌍문-수유(강북구청)-미아(서울사이버대학)-미아사거리-길음-성신여대입구(돈암)-한성대입구(삼선교)-혜화(서울대학교병원)-동대문-동대문역사문화공원-충무로-명동-회현(남대문시장)-서울역-숙대입구(갈월)-삼각지-신용산-이촌(국립중앙박물관)-동작(현충원)-총신대입구(이수)-사당-남태령-선바위-경마공원-대공원(서울랜드)-과천-정부과천청사-인덕원-평촌-범계-금정-산본-수리산-대야미-반월-상록수-한대앞-중앙-고잔-초지-안산-신길온천-정왕(한국산업기술대)-오이도

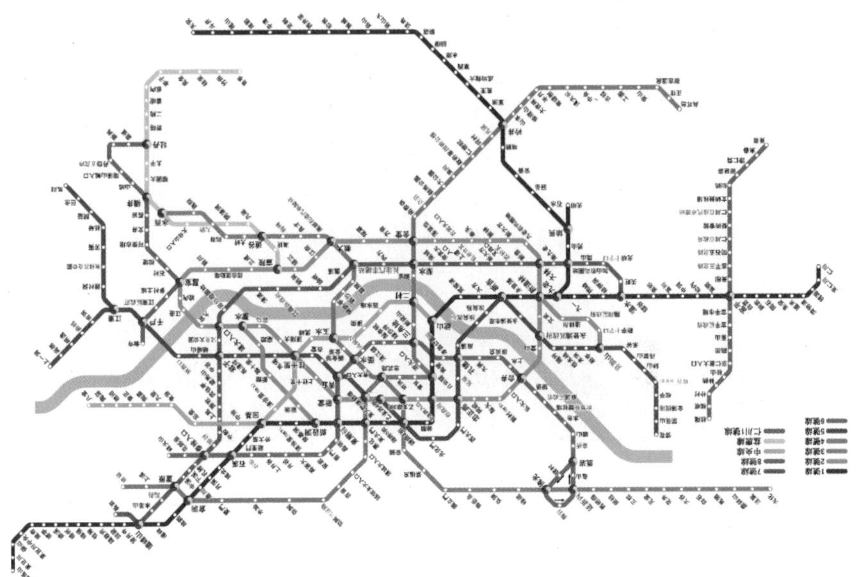

지하철 노선을 텍스트로 제공하는 것과 노선도로 제공하는 것의 차이는

복잡성을 누가 떠안는지다.

디자이너의 역할

1호선
(소요산-인천 구간)소요산-동두천-보산-동두천중앙-지행-덕정-덕계-양주-녹양-가능-의정-회룡-망월사(신흥대학)-도봉산-도봉-방학-창동-녹천-월계(인덕대학)-광운대-석계-신이문-외대앞-회기-청량리(서울시립대입구)-제기동-신설동-동묘앞-동대문-종로5가-종로3가-종각-시청-서울역-남영-용산-노량진-대방-신길-영등포-신도림-구로-구일(동양공전앞)-개봉-오류동-온수(성공회대입구)-역곡(가톨릭대앞)-소사(서울신대)-부천(부천대입구)-중동-송내-부개-부평-백운-동암-간석-주안(인하대학교)-도화-제물포(인천대앞)-도원-동인천-인천
(소요산-신창 구간)소요산-동두천-보산-동두천중앙-지행-덕정-덕계-양주-녹양-가능-의정-회룡-망월사(신흥대학)-도봉산-도봉-방학-창동-녹천-월계(인덕대학)-광운대-석계-신이문-외대앞-회기-청량리(서울시립대입구)-제기동-신설동-동묘앞-동대문-종로5가-종로3가-종각-시청-서울역-남영-용산-노량진-대방-신길-영등포-신도림-구로-가산디지털단지-독산(하안동입구)-금천구청-광명-석수-관악-안양-명학(성결대앞)-금정-군포-당정(한세대앞)-의왕(철도대학)-성균관대-화서-수원-세류-병점-서동탄-세마-오산대-오산-진위-송탄-서정리-지제-평택-성환-직산-두정-천안-봉명-쌍용-아산-배방-온양온천-신창(순천향대)

2호선
시청-을지로입구-을지로3가-을지로4가-동대문역사문화공원-신당-상왕십리-왕십리(성동구청)-한양대-뚝섬-성수-건대입구-구의(광진구청)-강변(동서울터미널)-잠실나루-잠실(송파구청)-잠실새내-종합운동장-삼성(무역센터)-선릉-역삼-강남-교대(법원·검찰청)-서초-방배-(백석예술대)-사당-낙성대-서울대입구(관악구청)-봉천-신림-신대방-구로디지털단지(원광디지털대)-대림(구로구청)-신도림-문래-영등포구청-당산-합정-홍대입구-신촌(지하)-이대-아현(추계예술대)-충정로(경기대입구)-시청

3호선
대화-주엽-정발산-마두-백석-대곡-화정-원당-삼송(농협대입구)-지축-구파발-연신내-불광-녹번-홍제(서울문화예술대)-무악재-독립문-경복궁(정부서울청사)-안국-종로3가-을지로3가-충무로-동대입구-약수-금호-옥수-압구정-신사-잠원-고속터미널-교대(법원·검찰청)-남부터미널(예술의전당)-양재(서초구청)-매봉-도곡-대치-학여울-대청-일원-수서-가락시장-경찰병원-오금

아름답게 꾸며졌지만, 복잡성은 해소되지 않았다.

필요한 정보는 노선도건 텍스트건 동일하게 담길 것이다. 선으로 표시된 노선도는 지하철을 갈아탈 때 한 번 쓱 보면 금방 갈아타야 하는 곳을 알 수 있다. 텍스트로 된 노선 정보는 빨간펜을 들고 갈아탈 곳을 일일이 찾아서 표시해야 한다.

최초의 지하철 노선 정보는 텍스트였을 것이다. 지하철이 1호선만 있다면 텍스트여도 충분하다. 그러나 2·3·4호선이 생기면 텍스트만으로는 불편하다. 이때 누군가가 '선으로 표시하면 한눈에 이해할 수 있지 않을까'라고 생각했을 것이다. 형태와 색상을 고민해 컬러풀한 노선도가 나왔다. 생산자가 고민을 하자 소비자가 쉽게 이해할 수 있게 되었다.

지하철 관리자가 게을러서 '노선 정보가 충분한데 뭘 하러 고생해. 필요하면 자기들이 알아서 고민하겠지'라고 해버리면 어떨까? 게으른 한 명 때문에 수백 만 명이 지하철을 탈 때마다 고생해야 한다.

이렇게 생각할 수도 있을 것이다. '노선도는 그림이니까 디자이너의 역할 아닌가?' 아무런 정보도 주지 않고 노선 정보를 디자이너에게 주면 어떻게 될까? 텍스트는 그대로 둔 채 멋진 사진이나 삽화를 넣어 예쁘게 꾸미는 데 몰두할 것

◢ More comfort, more driving pleasure, less fuel consumption: The new 9G-TRONIC

Design of the new, nine-speed 9G-TRONIC torque converter transmission

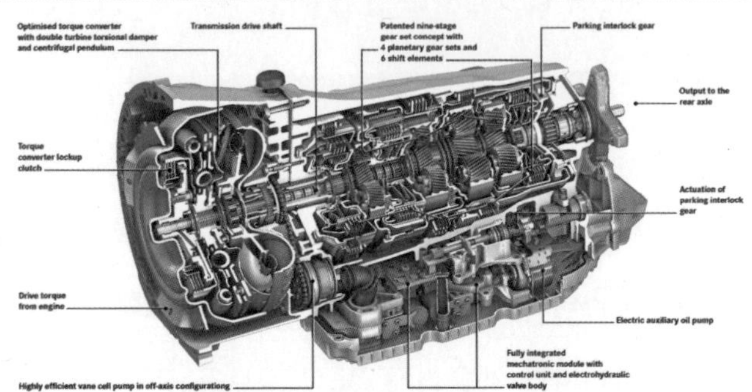

자동변속기의 내부는 복잡하지만, 운전자는 쉽게 운전할 수 있다.

이다. 복잡성을 줄이는 일은 디자이너의 임무가 아니다. 담당자가 책임을 지고 디자이너와 함께 작업해서라도 복잡성을 줄여야 복잡성이 해소된다.

현실에서는 게으른 한 명 때문에 수백 만 명이 고생하는 일이 많다. 관공서·병원·터미널 등을 가보면 이해할 수 있을 것이다.

자동변속기의 내부는 굉장히 많은 부품으로 이루어져 있다. 가격도 비싸다. 그렇지만 기어를 일일이 바꿀 필요 없이 가속페달과 브레이크페달만 조작하면서 운전할 수 있다.

반면 수동변속기는 부품 수도 적고 가격도 싸다. 그 대신 운전자가 왼발로 클러치를 밟았다가 떼고, 오른손으로 기어를 일일이 변속해주어야 한다.

스티브 잡스는 학교 친구인 스티브 워즈니악과 함께 1976년 개인용 컴퓨터 애플1을 만든다. 산업용 컴퓨터 시대에서 개인용 컴퓨터 시대를 본격적으로 연 것이다. 1984년 맥킨토시를 만들면서 텍스트로 된 복잡한 명령어 체계를 직관적인 GUIGraphic User Interface로 바꾸었다.

2007년 아이폰을 출시하면서 플라스틱 키보드로 조작하

스티브 워즈니악　　　　스티브 잡스

1976년 스티브 잡스와 스티브 워즈니악은
개인용 컴퓨터 애플1을 내놓았다.

던 스마트폰을 직관적인 손 터치로 바꿔놓았다. 스티브 잡스가 30년에 걸쳐 컴퓨터의 복잡성을 줄여왔기 때문에 갓난아이도 쉽게 쓸 수 있는 컴퓨터가 나온 것이다.

보고서를 쓰거나 발표할 때 우리는 단순함을 요구받는 경우가 많다. 회사에 갓 들어온 신입사원이 보고서를 써오라는 지시를 받았다. 신입사원은 대학교 때 익힌 신기의 파워포인트 기술로 '삐까뻔쩍'한 보고서를 만들어 제출했다. 칭찬을 들을 것으로 생각한 신입사원에게 부장이 한 말은 무엇일까?

> "지나치게 멋지고 쓸데없이 화려하군. 다시 쓰게. 짧고 간결하게. 한 페이지로!"

신입사원은 시키는 대로 보고서를 한 페이지로 줄였다. 다음 날 부장이 말했다.

> "내용의 분량을 줄이랬지 내용의 질까지 줄이랬나. 고민의 흔적이 안 보이잖아."

쉬워 보인다고요?

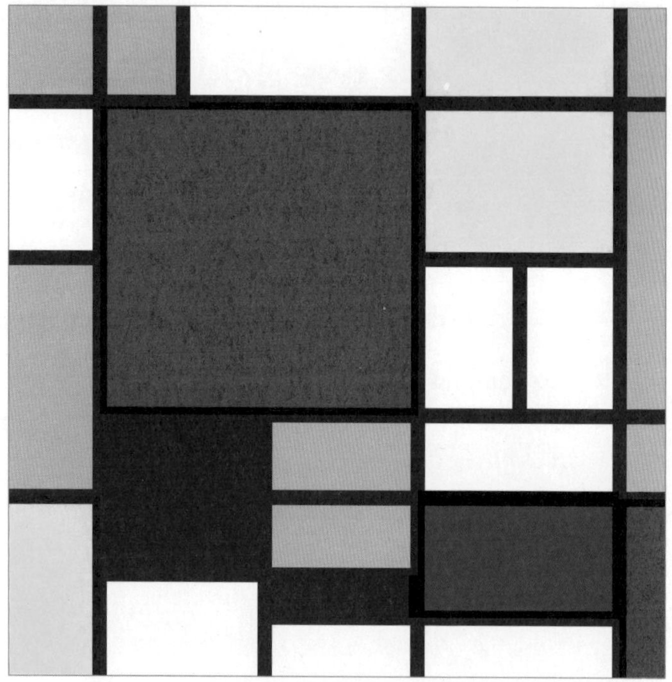

따라해봤자 몬드리안 짝퉁.

단순해지기는 왜 이리 어려운 걸까?

몬드리안과 폴록의 작품은 단순하다. 누구나 그 정도는 그릴 수 있을 것 같다. 그래서 똑같이 그리면 어떻게 될까? 몬드리안과 폴록의 짝퉁이 될 뿐이다.

몬드리안과 폴록의 작품 같은 단순한 작품을 독창적으로 그려보라고 한다면 어떨까? 그리지 못할 것이다. 미술에 대해 아는 것이 없기 때문이다.

미켈란젤로와 다빈치 시대의 작품은 역사적 장면 또는 성경의 한 장면을 눈앞에서 보는 것처럼 사실적이고 생생하게 묘사하는 것이 목적이었다. 19세기 초 사진의 발명이 모든 것을 바꿔놓았다. 사실적이고 생생한 묘사는 사진을 따라갈 수가 없게 되었다. 이때부터 미술가들은 미술에 대한 새로운 고민을 하기 시작했다.

몬드리안은 미술에 대해 곰곰이 생각해본 결과, '미술이란 선·면·구도·색채·명암이다'라는 결론을 내렸을 것이다. 이를 검정색 선, 무채색 면, 색의 3원색을 이용해 최대한 단순하게 표현했다.

피카소의 생각

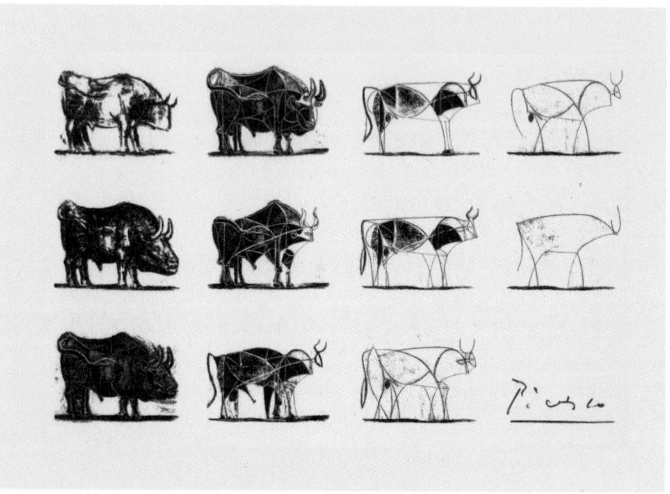

사실적 묘사는 사진을 못 따라가겠어. 그렇다면?

폴록은 이렇게 생각했을 것이다. '지금까지의 미술은 모두 붓 터치를 통해 작가의 의도가 100퍼센트 반영되는 것이었다. 그러나 물감의 흘림을 통해 우연적인 아름다움을 만들 수 있지 않을까?'

피카소의 유년기 그림을 보면 고전미술처럼 사실적인 묘사 능력이 뛰어남을 알 수 있다. 미술가 지망생이었던 그의 아버지가 5세 때 피카소의 데생을 보고 미술가의 꿈을 포기할 정도였다.

그런 피카소조차 어느 날 사실적인 묘사를 목적으로 하는 미술이 무의미하다는 것을 깨닫고 고민하기 시작했다. 그 결과 우리가 아는 피카소의 작품들이 나왔다.

사람과 사물을 똑같이 그리는 것이 아니라, 미술적인 새로운 표현 방식을 고민하는 것이 현대미술이다. 그럼 내가 미술에 대한 새로운 고민을 담아 몬드리안, 폴록, 피카소의 작품을 넘어서는 작품을 만들 수 있을까?

불가능하다. 첫째는 어릴 때부터 시작해 미술적 스킬을 쌓지 않았다. 둘째는 미술사적으로 어떤 작가들이 어떤 시도를 해왔는지 알지 못한다. 셋째는 동시대의 작가들이 어떤 시도

팀장님이 투자에 관심이 많은 듯?

너희가 쓴 글을 보면 이걸 보는 기분이라고.

를 하고 있는지 모른다.

첫째 이유는 미술을 전공해야 하고, 둘째 이유는 미술사를 공부해야 하고, 셋째 이유는 부지런히 미술관을 다녀야 한다. 즉, 미술에 매진하지 않기 때문에 불가능하다.

머리가 나쁜 사람은 누구인가?

어떤 글을 읽었는데 이해가 되지 않는다면, 내 머리가 나쁜 것이 아니라 글쓴이의 머리가 나쁜 것이다.

한때 사무실 내 자리 뒤에 부동산 전단지가 붙어 있었다. 후배들은 '선배가 부동산에 관심이 많은가 보다'라고 생각했겠지만, 이 전단지의 용도는 따로 있었다. 후배들에게 복잡성 총량 동일의 법칙을 설명하며 "너희가 쓴 글을 보면 전단지를 보는 기분이다"라고 말하기 위해서였다.

잘 쓴 글을 읽으면 머리가 맑아진다. 반대로 못 쓴 글을 읽으면 머리가 어지럽다. 글을 쓰려는 사람에게 다음과 같이 묻고 싶다.

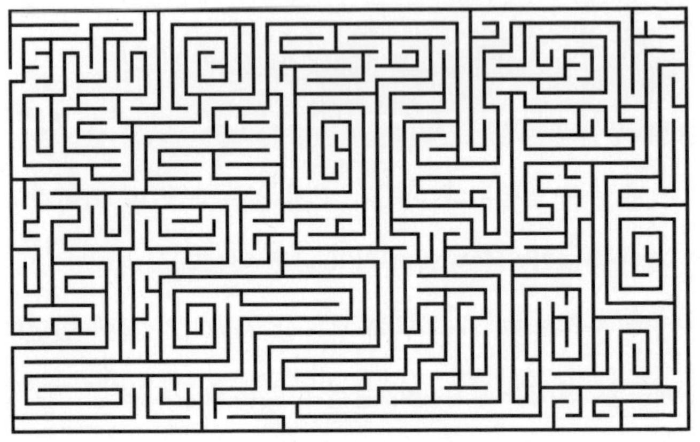

당신은 미로 메이커인가, 미로 가이드인가?

"당신은 미로 메이커인가, 미로 가이드인가?"

글을 쓴다는 것이나 프레젠테이션을 한다는 것은 '미로 가이드'의 역할이다. 그런데 '미로 메이커'가 되는 사람이 많다. 독자나 청중의 머리를 맑게 하는 것이 아니라, 어지럽게 만드는 것이다.

복잡성을 벗어나지 못하는 또 다른 이유는 '열심히 일한 것 같은' 착각 때문이다. 앞서 구체성을 설명할 때 '뭔가 대단한 것을 쓰고 싶은' 의욕 때문에 근경(구체성)이 결여된다고 설명했다.

단순성이 결여되는 이유는 글쓴이나 말하는 이가 미로의 구조를 파악하지 못했기 때문이다. 그러다 보니 양적으로 많아 보여야 노력한 것처럼 보인다.

학생이라면 성의만으로도 'A+'를 받을 수 있겠지만, 직장에서는 다르다. 학교는 모르는 것을 배우는 것이 목적이므로 자료를 열심히 찾기만 해도 인정받을 수 있다. 몰랐던 것을 많이 알게 되었으므로 학습효과가 있다. 무엇보다 학교는 내가 돈을 내고 다니는 곳이므로, 괴발개발 써내기만 해도 최소

저쪽은 준비를 진짜 많이 해왔어!

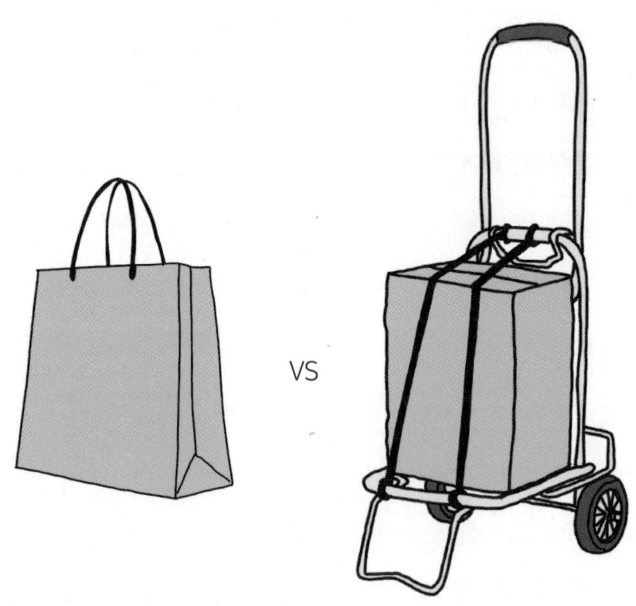

누가 준비를 더 많이 했을까?

학점은 받을 수 있다.

내가 월급을 받고 보고서를 쓸 때는 달라진다. 보고서의 고객이 되는 상사의 마음에 들 때까지 '빠꾸'를 맞을 것이다.

몇 년 전 정부 용역을 담당한 적이 있었다. 입찰에 필요한 자료를 제출하러 정부대전청사 지하의 조달청 대기실에서 대기할 때다. 나는 필요한 자료를 쇼핑백 2개에 넣어 들고 왔다. 경쟁업체들은 어린이 키만큼 많은 자료를 카트에 싣고서 끌고 왔다. 이를 본 상사는 "저쪽은 준비를 진짜 많이 해왔어"라고 말했다.

내가 보기에 경쟁업체의 자료는 아무런 고민 없이 복잡성만을 늘어놓은 자료일 뿐이다. 준비를 진짜 많이 한 쪽은 오히려 우리였다. 대부분의 사람들은 양이 많으면 열심히 한 것으로 생각한다.

나도 마음만 먹으면 자료를 사람 키만큼 쌓을 수 있다. 그러나 프레젠테이션 때 심사위원들은 사전 보안을 이유로 심사 현장에서 나누어준 자료를 처음 보게 된다. 지원팀 하나당 30분의 발표 시간 동안에 자료를 검토해야 한다.

나는 그 과정을 전년도에 겪어서 알고 있었기 때문에 심사

글쓰기, 궁극의 목표

상품과 서비스의 목표도 동일하다.

위원들이 짧은 시간에 머리를 어지럽히지 않고 볼 수 있도록 자료를 만든 것이었다.

글쓰기에서 흔히 빠지는 함정은 미로를 아름답게 꾸미려는 시도다. 특히 글쓰기 실력을 뽐내려는 의도로 쓰인 글에서 많이 보인다. 글쓰기의 목적은 미로를 탈출하도록 안내하는 것이다. 길목마다 안내판을 붙이든지 아니면 미로를 부숴 일직선으로 만들어야 한다.

미로 바닥에 꽃을 심어서 아름답게 꾸미는 것은 아무 도움이 안 된다. 부디 독자를 미로 속에 가두고 꽃다발로 고문하지 않기를 바란다.

글을 어렵게 쓰는 작가가 하는 말이 있다. “너무 쉬우면 독자가 사고를 하지 않기 때문에 생각을 하면서 읽도록 쉽지 않게 썼다”라든지 “복잡한 세상을 묘사하려면 복잡해지지 않을 수 없다”라든지 “쉽게 읽히는 책은 쉽게 잊힌다”라는 것이다. 이 책의 독자라면 미숙함을 대단한 것처럼 포장하지 않기를 바란다.

'참여단 상당수 원전 기초자료도 안 읽고 와…'

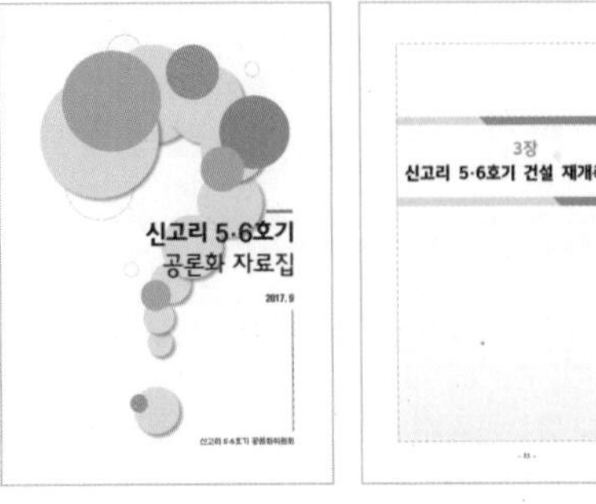

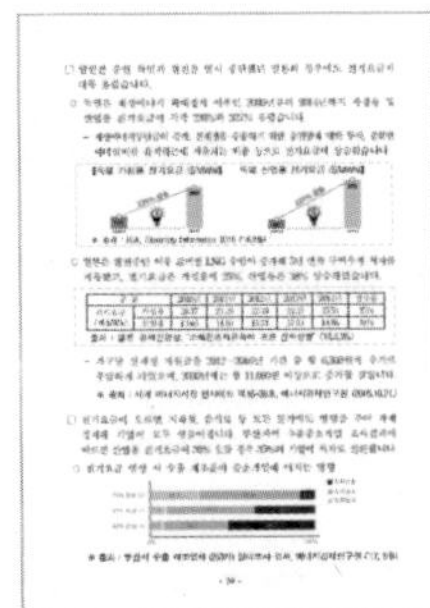

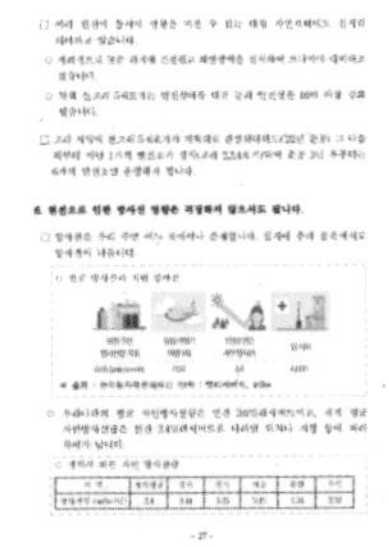

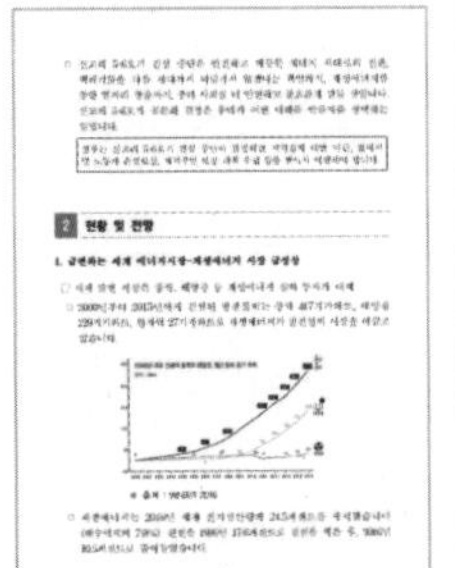

기초자료를 안 읽고 온 것이 국민참여단의 잘못일까?

자료를 만든 이의 잘못은 아닐까?

난독 사회의 원인은?

'참여단 상당수 원전 기초자료도 안 읽고 와….' 2017년 원전공론화위원회 활동 당시 한 언론 보도의 제목이다. 일반인으로 구성된 국민참여단은 자료를 읽을 성의도 없는 불성실한 사람들이었을까? 아니다. 자료의 문제다. 일반인이 읽고 쉽게 이해할 수 있게 쓰이지 않았음은 능히 짐작할 수 있다.

최근 '난독 사회'에 대한 보도가 있었다. '세 줄만 넘어가도 아찔…혹시 당신도 긴 글 까막눈?'이라는 제목이다. 사람들이 책도 안 읽고 신문도 안 보니 독서 능력이 떨어진다는 내용이다. 내가 보기에 독자의 문제가 아니라, 콘텐츠 생산자의 문제다.

나는 인쇄매체와 인터넷매체를 모두 경험했다. 인쇄매체에서는 '기자→취재팀장(데스킹)→교열기자(1차 교열)→디자인팀(대지 작업)→기자(대지 검수)→편집장(최종 검수)→교열(최종 교열)'을 통해 잡지가 만들어진다.

디자이너가 텍스트·사진·그림·표를 적절히 배치해 프린트한 대지를 기자·취재팀장·편집장이 공유하며 몇 번의 수

단순함이란
궁극의 정교함이다.

Simplicity is the ultimate sophistication.

스티브 잡스

정 과정을 거친다. 기자가 자기 글을 한 번 더 읽을 기회가 있고, 교열 전문가가 문장을 더 정교하게 다듬는다.

반면 인터넷매체는 '기자→취재팀장(데스킹)→편집장(최종검수)'으로 과정이 단순하다. 속보 경쟁을 하다 보니 천천히 다시 읽을 기회가 없다. 이러다 보니 콘텐츠의 완성도가 떨어지는 편이다.

인쇄매체는 오타가 나오면 돌이킬 수 없기 때문에 신중하게 콘텐츠를 검토할 수밖에 없다. 그러나 인터넷매체는 출고 후에도 얼마든지 수정이 가능하므로 정성이 덜 들어갈 수밖에 없다.

난독증이 늘어나는 이유는 독자들이 노력을 안 해서가 아니라, 콘텐츠 생산자들이 완성도를 높이기 위해 들이는 시간을 줄였기 때문이다. 이 챕터의 결론은 스티브 잡스의 말로 대신한다. "단순함이란 궁극의 정교함이다Simplicity is the ultimate sophistication."

05

맥락

126g/km

1km 주행 시 126g의 이산화탄소를 내뿜는 차는?

맥락은 팩트보다 강력하다

126g/km. 어떤 자동차의 이산화탄소 배출량이다. 1km를 주행할 때마다 126g의 이산화탄소를 내뿜는다는 이야기다. 10km를 달리면 1.26kg의 이산화탄소를 배출한다. 1kg도 안 되는 노트북 컴퓨터도 팔리는 세상인데, 공기 무게가 1kg이 넘는다니 엄청난 배출량이다. 이 정도면 화물용 컨테이너를 싣고 다니는 대형 트럭 정도가 아닐까.

전문가들이 만든 자료 중에 밑도 끝도 없이 수치만 나열된 경우가 많다. 그러나 어떤 의미인지 맥락을 모르면 소용이 없다. '우리 집은 학교에서 100km 떨어져 있어'라고 하면 한국에서는 '머네'라고 하겠지만, 중국에서라면 '가깝네'라고 할 것이다. '월세 150만 원에 살아'라고 하면 한국에서는 '비싸네'라고 하겠지만, 뉴욕에서라면 '싸네'라고 할 것이다.

맥락은 팩트보다 강력하다. 스티브 잡스는 이를 알고 있었다. 2008년 맥북 에어 발표회 때 그는 맥북 에어의 얇은 두께를 알리기 위해 두께가 몇 인치인지 말로 설명하지 않았다.

그 대신 노트북 컴퓨터를 형상화한 도형을 사용했다. 당시

맥락은 팩트보다 강력하다

① 가장 얇은 노트북PC보다도 얇다

② 가장 두꺼운 부분조차 경쟁사의 가장 얇은 부분보다 얇다

잡스는 수치로 비교하기보다 극적인 맥락을
보여주는 방법을 고민했다.

가장 얇았던 노트북 컴퓨터인 소니 TZ 시리즈의 가장 얇은 부분보다 맥북 에어의 가장 두꺼운 부분이 얇다는 점을 극적으로 보여주었다.

그는 맥락을 통해 관객을 이해시킨다. 마침내 맥북 에어 실물을 보여줄 차례에서 스티브 잡스는 서류봉투에서 맥북 에어를 꺼냄으로써 얇고 가볍다는 의도를 관객들이 느낄 수 있도록 했다.

그가 봉투에서 제품을 꺼낸 것은 그때가 처음이 아니다. 그는 1984년 맥킨토시 제품 발표 행사에서도 가방에서 제품을 꺼내 보였다. 이 아이디어는 당시 맥킨토시 TV 광고에도 이용되었다.

가방에서 나온 맥킨토시는 스스로 말을 했다. 물론 저장된 텍스트를 음성으로 전환한 것이었지만, 1984년도에는 대단한 퍼포먼스였다. 맥킨토시는 "가방에서 나오니 참 좋네I am glad to get out of the bag"라고 말한다. 컴퓨터의 소형화를 수치로 설명하지 않고, 가방을 이용해 보여준 것은 스티브 잡스 스토리텔링의 좋은 사례다.

앞서 보여준 이산화탄소 배출량의 주인공은 쏘나타다. 경

눕기태

김기태 전 기아 타이거즈 감독은 주자가 3피트 라인을 벗어났음을 보여주기 위해 그라운드에 직접 누웠다.

차 모닝은 111g/km, 대형차 제네시스 G90은 192g/km다. 자동차 전문가라면 이산화탄소 배출량 수치에 익숙하므로 '126g'만 이야기해도 대략 어느 정도 배기량의 차인지 감을 잡을 수 있다. 그러나 자동차를 잘 모르는 일반인에게는 의미가 없는 숫자다.

2017년 국정감사에서 노회찬 의원은 교도소 공간의 협소함을 보여주기 위해 직접 신문지를 깔고 누웠다. 교도소 제소자 1인당 거주 공간이 신문지 2.5장이 안 된다는 것을 보여주기 위해서였다.

국정감사장에 의원들이 군용 배낭이나 생리대 등 실물을 들고 나오는 이유는 팩트보다 맥락이 효과적이기 때문이다. 2015년 김기태 야구감독은 '3피트(91.4cm) 룰'을 설명하기 위해 직접 그라운드에 누웠다.

글은 엉덩이가 아닌 발로 쓰는 것이다

영화의 한 장면처럼 우연히 좋아하는 사람을 만나게 되었다. 그 사람이 뇌리를 떠나지 않는다. 친구를 만나 그 사람에

그 사람
첫인상 어때?

응, 멋있어!

대해 이야기하려고 한다.

> 나 마음에 드는 사람을 알게 되었어.
>
> 친구 어떤 사람인데?
>
> 나 아직은 잘 모르겠고, 키가 크고 단정한 머리모양에 흰 셔츠에 청바지와 캔버스화를 신은 모습이 아주 멋있었어.

한 번밖에 만나지 않았기 때문에 눈에 보이는 외모 말고는 아는 게 없다. 두 번째 만나면 어떤 말을 할까?

> 나 그 사람은 32세이고 엘성전자 해외 영업부에서 일한대.

두 번째 만남에서 나이를 물어보고 명함을 받았다. 나이와 직업을 알게 되었지만 이는 공식적인 정보다. 그 다음 단계는 무엇일까?

> 나 그 사람은 2남매 중 첫째이고, 서연대학교 경영학과

1년 만나보니, 그 사람 어때?

알고 보니 찌질이야.

나왔대. 아버지는 신세데그룹에서 일하시다 퇴직하셨대.

세 번째 만남에서 가족관계와 출신 학교를 알게 되었다. 공개하지 않은 정보를 얻게 되었으니 조금 더 친밀해졌다고 볼 수 있다. 네 번째 만남 뒤는 어떨까?

나 그 사람은 초밥을 좋아하고, 클래식 음악 듣는 것을 좋아하고, 캠핑을 자주 다녀.

공식적인 만남이 아니라 사적인 만남에 접어들었다. 다섯 번째 만남 뒤를 보자.

나 그 사람은 부모님이 이혼한 뒤 보육원에서 5년을 살았대. 대학교는 장학금과 아르바이트로 학비를 해결했대. 교통사고로 다리가 부러져서 지지대를 나사로 박고 있대.

모노코크 보디와 프레임 보디

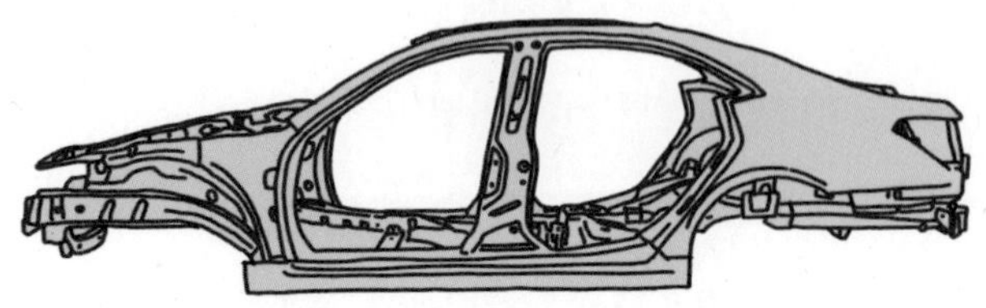

모노코크 보디는 외장이 프레임 역할을 한다.

프레임 보디는 외장과 프레임이 분리되어 있다.

상대에 대해 상당히 많이 알게 되었다. 만남을 거듭할수록 상대에 대한 정보가 늘어나고 남에게 말하고 싶지 않은 내용까지 알게 되었다. 이처럼 설명하려는 대상에 대해 많이 접하고 많은 정보를 알수록 잘 설명할 수 있다.

무엇이 중요하고 무엇이 중요하지 않은가?

자동차 영업소에 갓 입사한 직원이 고객에게 자사 제품의 장점에 대해 설명하는 중이다. "이 제품은 혁신적인 모노코크 보디unibody를 적용했습니다." 자료에 나온 내용을 말한 것이니 틀린 것은 아니다. 그러나 지금 대부분의 자동차는 모노코크 보디 구조다.

과거에는 엔진·변속기, 서스펜션과 휠 등 동력전달부는 사다리 모양의 프레임에 장착하고, 탑승 공간을 별도로 제작해 합치는 '프레임body on frame' 방식이었다. 최근 자동차는 모두 하나의 골격에 동력전달부와 탑승 공간이 장착되는 '모노코크' 방식이다.

세단·SUV·승합차를 통틀어 현대자동차에는 모노코크 보

이 차의 특징을 아래 숫자만큼 설명하시오.

① 10가지

② 7가지

③ 5가지

④ 3가지

많이 알아야 정보의 우선 순위를 가늠할 수 있다.

디가 아닌 차가 없다. 기아자동차는 1종(모하비)을 제외하고 모두 모노코크 보디다. 영업사원이 모노코크 보디를 강조하는 것은 "이 차에는 에어백이 장착되어 있습니다"라고 이야기하는 것처럼 무의미하다.

자동차 세일즈맨이 고객을 만나 설명할 수 있는 시간은 한정적이다. 짧은 시간 내에 자동차의 장점을 설명하고 구매까지 이어지도록 하는 것이 목적이라면, 경쟁 제품과 차별화된 부분을 설명해야 한다. 자동차를 모르는 고객이라고 해서 '모노코크'를 강조할 수도 있겠지만, 고객이 다른 브랜드 제품도 알아보러 다니다 보면 모노코크가 큰 의미가 없음을 알게 될 것이다.

서면으로 된 제품 자료는 자동차에 대한 모든 내용을 담아야 하므로 모노코크 관련 내용도 있어야 한다. 그러나 매장을 방문한 고객에게 설명하려고 하루를 다 쓸 수 없다. 블로그에 올리기 위해 책 10권 분량의 글을 쓸 수는 없다.

이 경우 무엇이 중요하고 무엇이 중요하지 않은지 판단을 내려야 한다. 중요도가 높은 것부터 설명해야 한다. 10분이면 10개를 설명할 수 있지만, 3분밖에 없다면 중요도가 높은

10가지 특징

람보르기니 아벤타도르는 흔히 슈퍼카로 불린다.
이 차에 대해 궁금한 점 10가지를 꼽아 보았다.

7가지 특징

이 차처럼 비싼 차의 과급 방식이 자연흡기인지 터보흡기인지, 연료가 가솔린인지 디젤인지, 변속기가 자동 몇 단인지보다는 국산차와 다른 성능이 중요하므로 3가지를 없앴다.

5가지 특징

일반적인 운전자에게 이 급의 슈퍼카가 2WD(이륜구동)인지 4WD(사륜구동)인지는 중요치 않다. 또한 기계적인 특성에 관심이 없는 소비자라면 엔진 위치에 큰 관심이 없을 것이다.(구매자에 따라 달라질 수 있다.)

3가지 특징

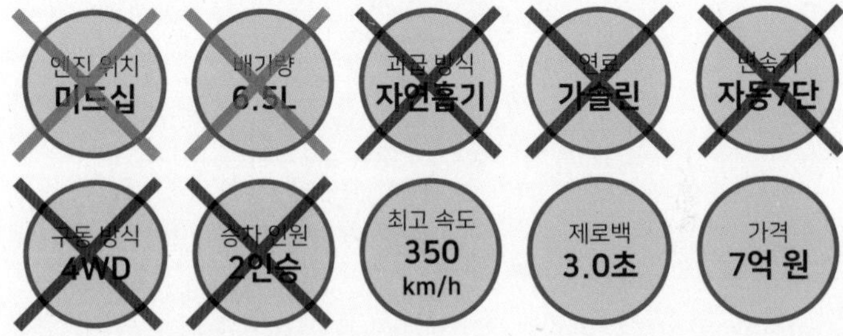

일반인이 슈퍼카에 가지는 관심은 얼마나 가속력이 센가, 최고 속도는 얼마나 되는가, 가격은 얼마인가다.

'뭣이 중헌디'의 실제 사례

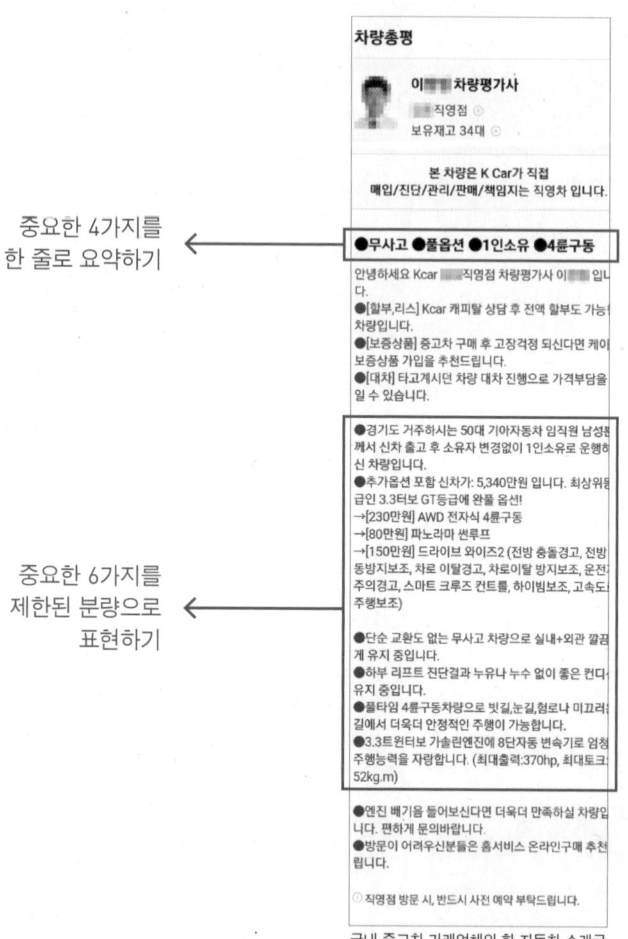
중요한 4가지를
한 줄로 요약하기
중요한 6가지를
제한된 분량으로
표현하기

차량총평

이 차량평가사
직영점
보유재고 34대

본 차량은 K Car가 직접
매입/진단/관리/판매/책임지는 직영차 입니다.

●무사고 ●풀옵션 ●1인소유 ●4륜구동

안녕하세요 Kcar 직영점 차량평가사 이 입니
다.
●[할부,리스] Kcar 캐피탈 상담 후 전액 할부도 가능
차량입니다.
●[보증상품] 중고차 구매 후 고장걱정 되신다면 케이
보증상품 가입을 추천드립니다.
●[대차] 타고계시던 차량 대차 진행으로 가격부담을
일 수 있습니다.

●경기도 거주하시는 50대 기아자동차 임직원 남성
께서 신차 출고 후 소유자 변경없이 1인소유로 운행하
신 차량입니다.
●추가옵션 포함 신차가: 5,340만원 입니다. 최상위
급인 3.3터보 GT등급에 완풀 옵션!
→[230만원] AWD 전자식 4륜구동
→[80만원] 파노라마 썬루프
→[150만원] 드라이브 와이즈2 (전방 충돌경고, 전방
동방지보조, 차로 이탈경고, 차로이탈 방지보조, 운전
주의경고, 스마트 크루즈 컨트롤, 하이빔보조, 고속도
주행보조)

●단순 교환도 없는 무사고 차량으로 실내+외관 깔끔
게 유지 중입니다.
●하부 리프트 진단결과 누유나 누수 없이 좋은 컨디
유지 중입니다.
●풀타임 4륜구동차량으로 빗길,눈길,험로나 미끄러
길에서 더욱더 안정적인 주행이 가능합니다.
●3.3트윈터보 가솔린엔진에 8단자동 변속기로 엄청
주행능력을 자랑합니다. (최대출력:370hp, 최대토크
52kg.m)

●엔진 배기음 들어보신다면 더욱더 만족하실 차량입
니다. 편하게 문의바랍니다.
●방문이 어려우신분들은 홈서비스 온라인구매 추천
립니다.

직영점 방문 시, 반드시 사전 예약 부탁드립니다.

국내 중고차 거래업체의 한 자동차 소개글

정보의 우선순위 파악은 오랜 업무 경험에서 나온다.

3개를 설명해야 한다. 1분밖에 시간이 없으면 가장 중요도가 높은 1개를 설명해야 한다.

어떤 것이 핵심적인 것이고 아닌 것일까? 이는 해당 영역에서 업무를 오래 할수록 잘 안다. '많이 알수록 쉽게 쓴다'는 이야기는 무엇이 필요하고 무엇이 필요하지 않은지를 아는 것이다.

여기에 맥락까지 잘 설명한다면 금상첨화다. 흔히 '글은 엉덩이로 쓴다'는 말이 있지만, 좋은 글은 '발'에서 나온다. 발로 뛰며 많은 정보를 모아야 좋은 글이 나온다. 타고난 재능을 갖고 있더라도 부지런하지 않으면 좋은 작가가 될 수 없다.

자동차 소개글을 써달라는 부탁을 받았다. 어떻게 쓰면 좋을까? 다음의 글 A와 B를 비교해보자(노블렉스는 가상의 자동차 이름이다).

A

신형 노블렉스는 날렵하고 예리한 디자인을 기반으로 새로운 저중심·고강성 플랫폼을 기반으로 개발되어 더욱 뛰어난 승차감과 여유로운 공간, 그리고 더욱 커진 체격을 자랑한다. 보닛 아래에는 새롭게 다듬은 가솔린 엔진과 전기 모터의 조합을 마련했다. 특히 흡기효율 향상 및 고속연소로 높은 수준의 열효율을 구현했으며 전기모터의 힘을 통해 보다 즉각적인 출력 전개 및 효율성의 개선을 이루어냈다.

B

2000년대 초반 '강남 쏘나타'로 불릴 정도로 명성이 자자했던 노블렉스의 최신 버전. 수입차 시장은 독일차 위주의 다이내믹이 대세가 되었지만, 반대로 안락함과 정숙함을 원하는 소비자군도 존재한다. 일본 브랜드 노블렉스는 꾸준히 수입차 판매 순위 톱 10에 들 정도로 안정된 소비자층이 존재한다. 특히 잔고장이 나지 않는데다 애프터서비스 대응도 국산차만큼 신속해 소비자들의 스트레스를 줄여준다.

A는 흔히 보는 상품 소개다. 팩트 위주로 묘사되어 있다.

소비자에게 필요한 정보는 거의 없다. 요즘 자동차치고 날렵하고 예리하지 않은 디자인이 있는가? 저중심·고강성 플랫폼을 지향하지 않은 자동차가 있는가? 안락한 승차감, 넓은 실내 공간을 내세우지 않는 자동차가 있는가? 얼마나 연비가 좋아야 효율적이라고 할 수 있을까?

B는 맥락을 설명한다. 소비자에게는 이 자동차가 어떤 내력을 가졌고, 어떤 포지셔닝에 있는지가 중요하다. 차체 크기, 배기량, 파워 등은 카탈로그를 보면 된다. 인터넷에 나오는 정보를 알려고 잡지나 신문을 보거나 영업사원을 만나지는 않을 것이다. 정보가 넘치지만 전문가를 찾는 이유는 맥락을 알고 싶기 때문이다.

2014년 말 중국 수출 관련 세미나에서 있었던 일이다. 국내 1·2위를 다투는 홈쇼핑 업체 이사가 나와서 중국 시장의 규모에 대해 설명했다.

> "우리 회사가 해외까지 합쳐서 연 매출 1조 원이 되었다고 한 게 겨우 2~3년 전인데, 2014년 11월 11일 중국 솔로데이 때 알리바바가 하루 매출로 10조 원을 올렸습

하루 매출이 10조 원!

지금은 40조 원!

니다."

한국에서 11월 11일은 '빼빼로데이'라고 해서 커플들을 위한 날이지만, 중국에서는 싱글을 뜻하는 1이 4개라서 솔로들을 위한 날이다. '광군제'라고도 불리는 이날 중국 최대 전자상거래 업체인 알리바바는 대규모 할인행사를 한다.

부장 솔로데이 때 알리바바 하루 매출이 10조 원이나 됐대!

사원 그래서요?

부장 10조 원이라니까, 10조 원!

10조 원은 큰돈이지만 기업 뉴스에서 조 단위는 심심찮게 나오기 때문에 감을 잡기 어렵다. 맥락을 모르면 10조 원은 의미 없는 숫자에 불과하다. 이 홈쇼핑 업체 이사처럼 맥락을 설명해주면 비로소 '중국 시장이 말도 안 되게 큰 곳이구나'라고 이해할 것이다.

회사의 중요한 프로젝트 발표가 임박했다. 신입사원이 보

내가 노는 것처럼 보이지만…

아이디어를 다듬고 있죠. 꿈속에서….

고서를 쓰기 위해 일주일을 야근까지 하면서 겨우 만들었다. 그런데 보고서가 반려되었다. A처럼 썼기 때문이다. 보다 못한 부장이 하루 만에 만들었다. 통과되었다. B처럼 썼기 때문이다.

신입사원은 열심히 자료를 찾고 분석했지만, 회사나 업계가 돌아가는 맥락을 잘 모른다. 부장은 맥락을 잘 알고 있고, 임원들이 원하는 것이 무엇인지 알고 있다. 신입사원은 열심히 일하는 것처럼 보이고, 부장은 빈둥거리는 것 같다. 그러나 부장은 머릿속으로 맥락을 잡기 위해 고민했다.

'처음부터 부장이 쓰면 되는 것 아닌가'라고 분노할 수 있다. 잘 돌아가는 회사라면 부장이 끊임없이 커뮤니케이션을 하면서 신입사원이 제대로 된 결과물을 만들도록 해야 했다. 다만 회사도 부장을 빈둥거리도록 놔두지 않기 때문에 신입사원의 일을 일일이 챙기지 못했을 것이다. 이것이 보통의 회사 모습이다. 신입사원도 이런 시행착오를 거치면서 회사의 핵심 인재로 성장할 것이다.

웹툰 <미생>의 여주인공 안영이는 신입사원이지만 고참급 이상의 능력을 보여준다. 위에서 내려온 어려운 미션에 부

현실에서는
안영이 같은
슈퍼 신입사원을
보기 어렵다.
강소라를
그린 것
입니다만

장이 헤매고 있을 때 완벽한 프레젠테이션 자료를 만들어 부서를 위기에서 구해낸다.

그러나 현실에서 그런 신입사원을 찾아보기란 쉽지 않다. 작가가 직장생활을 해보지 않았기 때문에 상상으로 그런 사람이 존재하지 않을까 하고 만들어낸 가상의 인물이다(해당 작가에게는 아무 감정 없다).

현실에서 어린 나이에 천재성을 보이는 경우를 종종 본다. 단, 악기 연주나 스포츠처럼 이미 답이 정해진 것을 반복숙달해서 몸에 완벽하게 익히는 분야에 한정된다. 이런 경우에는 재능을 타고난 사람이 어릴 때부터 노력하면 20세 이전에 세계적인 실력가가 될 수 있다.

그러나 직장의 업무는 그렇지 않다. 회사가 돈을 벌려면 소비자에게 상품과 서비스를 팔아야 한다. 그러려면 소비자가 무엇을 원하는지 알아야 하고, 또한 소비자가 원하는 것을 만들기 위한 수단과 방법을 알아야 한다.

이런 콘셉트를 잘 살릴 디자이너는 누구였지? 이 디자인을 잘 뽑아줄 시제품 제작사는 어디였지? 싸고 잘 만드는 금형업체는 어디일까? 도금을 잘하는 가공업체는 어디인가?

직장에서는 왜 슈퍼 신입사원을 볼 수 없는가?

직장 업무에는 고객이란 존재가 있기 때문이다.

이러한 종류의 물품을 잘 운반하는 배송업체는 어디지? 콜센터 운영업체는 어떤 곳이 우리 회사와 맞을까? 갑자기 부품 공급사에 문제가 생기면 어느 업체에 연락해야 하지?

프레젠테이션 기술이 아무리 뛰어나도 이런 과제에 대해 해답을 내놓지 못하면 대표를 비롯한 임원 앞에서 제대로 된 프레젠테이션을 하기는 불가능하다. 회사 업무는 글라스가 아니라 와인이다.

스티브 잡스의 프레젠테이션이 유명해지면서, 요즘에는 대학생 대상으로 프레젠테이션 경진대회를 열기도 한다. 여기서 대상을 탈 정도면 부장을 능가하는 프레젠테이션 실력을 갖고 있는 것일까?

'직장생활 20년'이라는 것은 20년 동안 쌓은 시행착오의 경험과 인맥이다. 자신이 20년 동안 해온 프로젝트들이 20년 차 직장인이 존재하는 이유다. 그가 신입사원일 때 협력사의 신입사원이던 업무 파트너와 함께 20년이 되어 부장으로 만나는 것이다. 업계 사람들과 함께 보낸 20년 역사가 그의 능력이다.

프레젠테이션 스킬이 좋은 신입사원은 뛰어난 글라스다.

나는 와인이다!

글라스는 어디에?

부장은 숙성된 와인이다. 물론 좋은 글라스에 잘 숙성된 와인을 담으면 금상첨화다. 프레젠테이션 대회 대상 수상자가 20년 뒤에 부장이 되면 누구도 넘보지 못하는 슈퍼 부장이 될 것이다.

정부·공공기관에서 나온 연구보고서·정책보고서가 재미없는 이유가 있다. 스토리텔링이 필요하지 않기 때문이다. 평소 스토리텔링을 고민할 일이 없는 사람이 대중적인 글을 쓰면 재미없는 경우가 많다.

민간 기업은 고객에게 선택되지 않으면 생존할 수 없기 때문에 늘 고객을 염두에 둔다. 경쟁자보다 빨리 효율적으로 고객을 설득해야 살아남을 수 있다. 30초짜리 광고든, 고객을 만나는 10분의 미팅 시간이든 고민을 거듭할 수밖에 없다.

팩트가 너무 소중한 이유

맥락이 팩트보다 강력하다는 것은 누구나 이해하겠지만, 현실에서는 지켜지지 않는 경우가 많다. 그 이유는 팩트가 너무나도 소중해서 버릴 수가 없기 때문이다.

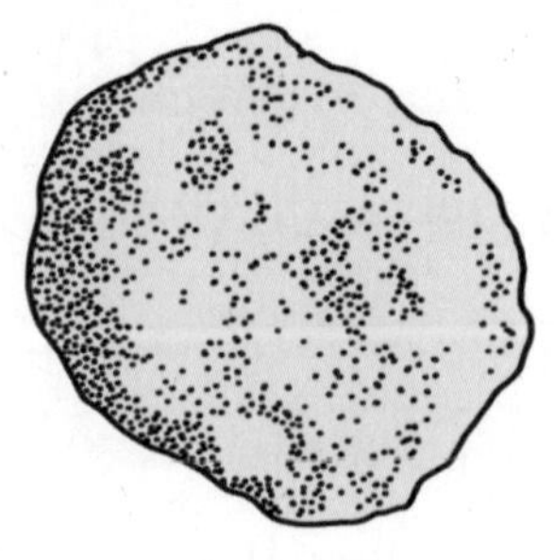

It's size of Texas!

영화 <아마겟돈>에서 정체불명의 우주 낙하물을 미국 대통령에게 설명하기 위해 나사 직원은 허블 망원경 사진을 보여주며 이렇게 말한다.

> 연구원 1 이것은 16시 43분의 이상체이구요, 이것은 16시 48분의 이상체, 이것은 17시의…….
>
> 대통령 헛소리 집어치고. 그게 뭐냐고?
>
> 국장 소행성입니다.
>
> 대통령 얼마나 큰 건가?
>
> 연구원 2 976억…….
>
> 국장 텍사스 크기입니다.
>
> 대통령 아침에 떨어진 건?
>
> 국장 그것은 아무것도 아닙니다. 농구공이나 자동차 크기 정도니까요.
>
> 대통령 예상 피해는?
>
> 국장 행성이 지구 어디 떨어지든 박테리아조차 살아남지 못합니다.

내가 이걸 알아내려고 얼마나 개고생을 했는데….

우주 낙하물로 도시가 쑥대밭이 되었고, 그 정체를 알기 위해 나사의 연구원들은 동분서주했다. 다행히 소행성을 발견한 아마추어 천문가가 제보를 했고, 허블망원경을 움직여 겨우 정체를 파악할 수 있었다. 아무도 몰랐던 소행성의 정체를 발견해낸 뿌듯함과 힘들었던 과정은 연구원들에게 너무나 소중하다.

그러나 듣는 이에게는 맥락만이 중요할 뿐이다. 대통령에게는 허블망원경 사진 분석이나 976억㎦라는 수치가 중요한 것이 아니라, '텍사스 크기의 돌덩이가 지구를 향해 오고 있다'는 것이 중요하다.

나사 연구원에게 팩트가 중요한 이유는 자기 분야 외에는 모르기 때문이다. 소행성의 성분을 담당하는 연구원, 크기를 담당하는 연구원, 속도를 담당하는 연구원은 자신이 알아낸 팩트만이 소중하다. 그러나 전체를 조율하는 국장에게는 각각의 팩트보다 의미가 중요하다. 그래서 국장은 맥락 위주로 설명할 수 있다.

나사 국장의 표현이 재미있다. "아침에 떨어진 건?"이라는 질문에, '30cm 크기, 4m 크기'라고 하지 않고 '농구공이나 자

맥락의 차이

자동차라고 했을 때 떠오르는 이미지

폭스바겐이라고 했을 때 떠오르는 이미지

동차 크기'라고 말했다. 팩트(수치)보다 맥락이 알아듣기 쉽다. 번역은 자동차라고 했지만, 영어 대사는 '폭스바겐'이라고 했다. 자동차라고 하면 수많은 자동차 중의 하나이므로 구체성이 없지만, '폭스바겐'이라고 하면 오늘 아침 출근길에 본 바로 그 폭스바겐이 머리에 떠오른다.

누군가 출근길에 교통사고를 목격하고 동료에게 이야기할 때 '차가 뒤집어졌다'고 하면 '그런가' 하고 생각하겠지만, '쏘나타가 뒤집어졌다'고 하면 머릿속에 생생히 떠오를 것이다.

예상 피해를 말할 때도 마찬가지다. '다 죽어요'가 아니라 '박테리아조차 살아남지 못한다'고 이야기하면 구체적이다. 영화 시나리오는 제작 과정에서 수십 번 고쳐 쓰기 때문에 대사가 정제되어 있다.

언론보도 중 '축구장 몇 배 크기', '여의도 몇 배 넓이', '한 줄로 세우면 지구 몇 바퀴' 같은 표현을 보았을 것이다. 맥락을 알려주기 위한 노력이다. 그렇다고 상투적 표현을 고민 없이 쓰면 안 된다. 늘 참신한 표현을 고민할 필요가 있다.

영화 <아마겟돈>의 국장과 연구원은 언론사의 선배기자와 후배기자와 비슷하다. 후배기자는 힘들게 알아낸 팩트가

한 줄로 세우면 지구 한 바퀴?

그런데 지구가 얼마나 큰지를 몰라!

너무 소중하기 때문에 팩트에 매몰되는 경향이 있다. '내가 이렇게 열심히 일했다'는 것을 팀장과 편집국장에게 알리고 싶어 한다. 그러나 독자는 과정이 아니라 결과를 알고 싶어 한다.

06

취향과 완성도

취향의 차이, 완성도의 차이

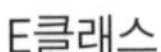

5시리즈

A6

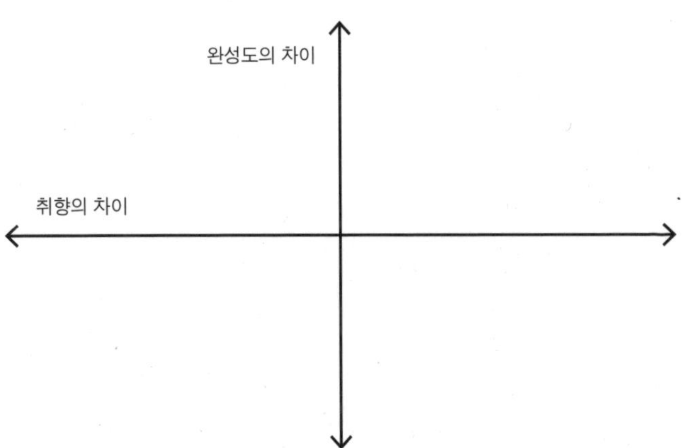

쏘나타

K5

말리부

친구와 라이벌

고등학교 졸업 20주년 기념 동창회에서 만난 친구들이 자동차에 대해 이야기하고 있다.

A 5시리즈(BMW)가 최고야.

B E클래스(메르세데스-벤츠)가 최고지.

C A6(아우디)가 최고야.

이 말을 듣던 동창생이 배알이 틀렸는지 이렇게 말했다.

D 쏘나타도 좋은 차다.

오랜만에 만난 친구들끼리 자동차로 위화감을 조성하는 것은 바람직하지는 않다. 바람직한 삶에 대해서는 생각이 다 다르니까. 여기서는 취향과 완성도를 설명하기 위한 것이므로 양해를 바란다.

5시리즈·E클래스·A6는 모두 6,000만 원대의 중형·후륜구동·수입차다. 쏘나타, K5(기아자동차), 말리부(쉐보레)는 2,000만 원대의 중형·전륜구동·국산차다.

5시리즈·E클래스·A6의 차이는 '취향'의 차이다. 디자인, 승차감, 애프터서비스에서 약간의 차이가 있겠지만, 큰 범주에서 성능은 비슷하다. 쏘나타·K5·말리부의 차이 역시 취향의 차이다.

반면 '5시리즈·E클래스·A6'와 '쏘나타·K5·말리부'의 차이는 '완성도'의 차이다. 5시리즈·E클래스·A6는 더 좋은 재료와 기술을 투입해 만들었다. '차는 다 똑같지 않아'라고 한다면 장인이 만든 100만 원짜리 미용사용 가위와 문구점에서 파는 1,000원짜리 공작용 가위가 똑같다고 주장하는 것이다. 전문가의 영역에서는 완성도의 차이가 존재한다.

라이벌의 세계를 다룬 영화를 보면, 승부를 가를 때는 둘도 없는 적수지만 은퇴 후에는 둘도 없는 친구가 된다. 이유는 그들의 수준을 이해할 사람은 라이벌밖에 없기 때문이다.

취미로 갓 골프를 배우기 시작한 직장인이 프로골프 선수 앞에서 골프에 대해 논한다고 가정해보자. 아마추어가 '골프가 얼마나 재미있는지' 또는 '골프가 얼마나 어려운지' 아무리 이야기한들 프로 선수가 귀담아 들을까? 한 번 정도는 예의상 대꾸를 해주겠지만, 골프에 관한 한 이야기 상대가 아니라고 여길 것이다.

2018년 2월 한국에서 개최된 동계올림픽에서 스피드스케이팅 500미터 금메달리스트 고다이라 나오와 은메달리스트 이상화가 경기 후 뜨겁게 포옹하며 눈물을 흘린 모습을 기억할 것이다.

최고를 이해할 수 있는 사람은 최고뿐이다. 두 사람 다 최고라면 라이벌로 맞붙을 수밖에 없다. 단, 조건이 있다. 서로 1등을 주거니 받거니 하면서 비슷한 기량을 갖추어야 한다.

한쪽이 영원한 2등에 머물렀다면 1등을 하지 못한 패배감 때문에 라이벌과 친구가 되기 어려울 것이다. 피겨스케이팅에서 한때 라이벌로 겨루던 김연아와 아사다 마오는 경기장에서 훈훈하게 포옹하지도 않았고 친구가 되지 못했다. 김연아는 금메달을 땄고 아사다 마오는 못 땄기 때문이다.

라이벌이지만 한쪽이 다른 상대를 한 번도 이기지 못했다면, 상대는 '넌 나보다 한 수 아래야'라고 생각할 것이다. 따라서 말상대라고 생각하지 않을 것이다.

라이벌=말이 통하는 사람

스토리텔링과 상관없을 듯한 취향과 완성도 이야기를 길게 한 까닭은 글을 쓸 때도 완성도를 추구해야 한다는 의도에서다. 학생과 직장인이 글을 잘 쓰고 싶은 이유는 자기만족이 아니라 자기소개서와 보고서를 잘 써서 좋은 기업에 취업하고 승진하고 싶기 때문이다. 그러려면 취향적 글쓰기를 넘어서야 한다.

나는 무라카미 하루키의 소설을 딱히 좋아하지는 않는다. 내 취향에는 맞지 않았다. 그렇지만 하루키가 쓴 『직업으로서의 소설가』를 통해 알게 된 글쓰기에 대한 열린 태도와 남다른 노력을 알고 난 뒤, 그가 높은 수준의 글쓰기를 추구한다는 것을 알게 되었다. 하루키의 소설은 내 취향은 아니지만 완성도는 높은 글이다.

일반인들이 착각하는 것이 있다. 자신의 취향과 맞지 않으면 완성도가 없는 것으로 치부한다는 것이다. 누군가 "하루키 소설은 별로야"라고 한다면 완성도가 없다는 뜻이 아니라 자신의 취향이 아니라는 뜻이다.

'감상문과 평론의 차이가 뭔가'라는 질문을 받은 적이 있다. 감상문은 취향을 쓰는 것, 평론은 완성도를 쓰는 것이다.

나는 하루키가 별로야.

그렇다고 해서 하루키가 별로인 것은 아니다.

친구들끼리 영화에 대해 이야기할 때는 '어떤 영화가 재미있다, 나는 재미없었다', '어떤 배우가 멋있다, 나는 그 배우가 별로다'라는 내용이 주다. 사람마다 다른 취향을 말한다.

평론은 다르다. 몬드리안의 작품을 뛰어넘기 위해서는 직업적으로 매진해야 하고, 역사적 흐름을 알아야 하고, 동시대 작품의 경향을 알아야 한다고 이야기했다.

또 다른 예로 프로야구 관람 때 내가 좋아하는 팀의 경기만 보는 것은 취향이다. 그러나 TV에 나오는 야구 해설위원처럼 완성도를 갖추려면 하루에 벌어지는 다섯 경기를 모두 챙겨봐야 한다.

지금은 포털사이트에서 야구 하이라이트와 주요 장면을 잘 정리해놓았기 때문에 마니아급 일반인도 다섯 경기 결과를 챙겨볼 수 있다. 그러나 야구 해설위원이라면 지금 타석에 있는 선수가 최근 어떤 퍼포먼스를 보여주었는지 꿰뚫고 있어야 한다. 모든 팀을 망라해 경기 흐름과 선수 플레이 하나하나의 히스토리를 축적해가면서 중계를 봐야 한다.

마찬가지로 방송사에 기고할 정도의 드라마 전문가가 되려면 내가 좋아하는 드라마만 봐선 안 되고, 지금 방영되는

취미로 야구를 즐길 때는 좋아하는 팀 경기만 보면 되지만,
전문가가 되려면 모든 팀의 경기를 꿰고 있어야 한다.

모든 드라마를 챙겨봐야 한다. 케이블방송의 종합편성채널이 생기기 전까지는 공중파 3사의 드라마만 챙겨보면 되었지만, 지금은 하루에도 7~8개의 드라마가 동시간에 방영되기 때문에 모두 챙겨보기란 여간 힘든 일이 아니다.

정치 이야기도 비슷하다. 누구나 술자리에서 정치에 대해 이야기할 수 있고 정치인을 욕할 수 있다. 굳이 자료를 찾고 빠뜨린 정보가 없나 점검하지 않아도 된다. 그러나 TV뉴스에 패널로 나와서 정치에 대해 이야기하려면 정치인 개개인의 인물과 사건, 최근 동향 등을 빠짐없이 파악하고 있어야 한다.

취향은 쓰기가 자유롭다. 주로 블로그, 페이스북, 인스타그램에 쓰는 글들이다. 상업적으로 판매하기 위한 것이 아니다. 반대로 돈을 받고 쓰는 글은 완성도를 위한 글이다. 작가, 연구원, 기자가 쓰는 글이다.

이처럼 전문적인 주제에 대해 글쓰기와 말하기를 할 때는 취향과 완성도를 구분해야 한다. 주의할 것은 청중 앞에서 말할 때는 취향에 대해서는 언급하지 않는 것이 좋다. 취향은 100명이면 100명이 각기 다른 정답을 갖고 있기 때문에 '나 취향은 건드리지 말자.

그렇지만 결혼식 하객 복장으로는 좀….

는 그렇게 생각하지 않는데'라며 수긍하지 않기 때문이다. 완성도에 대해 이야기할 때 귀를 쫑긋하던 독자와 청중도 취향을 이야기하면 스마트폰을 보기 시작한다.

이를테면 역사를 주제로 명강의를 펼치던 강사가 곁다리로 배우자의 조건을 말하며 '돈 잘 버는 남자가 좋다', '키 큰 남자가 좋다', '능력 있는 여자가 좋다', '날씬한 여자가 좋다'라는 식의 이야기를 하면 청중은 더는 강연자의 말을 듣지 않을 것이다.

07 최소화

30분짜리 이야기를 2시간으로 늘리면 듣는 사람은 블랙홀로
I N T E R S T E L L A

시처럼 써라

선댄스영화제에서 대상을 받은 단편영화를 할리우드 메이저 영화사에서 장편영화로 만들기로 했다. 최고의 배우, 최고의 카메라 감독, 최고의 특수효과팀, 최고의 배급라인이 붙어서 영화가 완성되었다. 그런데 영화는 흥행에 참패했다. 왜 그랬을까?

30분이면 충분히 할 이야기를 2시간으로 늘려놓다 보니 지겨워서 보지 못하는 것이다. 시간 가는 줄 모르고 보려면 10시간 분량의 이야기를 2시간에 압축해서 보여주어야 한다. 3시간이 넘는 영화 <인터스텔라> 관객평에 '영화를 보고 나오니 3시간이 지나 있는 마법'이라는 글이 있었다. 시간 가는 줄 모르고 영화를 보았더니 나도 모르게 3시간이 지나 있더라는 뜻이다. 글쓰기도 이래야 한다.

한국에서 드라마 감독이 영화를 제작하면 성공하기 어려운 이유도 마찬가지다. 미드, 일드 등을 보면 사전 제작되며 주 1회 50분 방송이 기본이다. 한국의 드라마는 1~4회까지는 사전 제작되지만 이후는 그 주에 찍어서 그 주에 방영하는

동일한 내용을 2배로 불려 쓸 이유가 있을까?

 지난해의 수출이 크게 늘어난 이유는 주력으로 하는 제품인 휴대폰의 판매가 미국 내 시장에서 크게 증가했던 것 때문이었다.

A. 50자

 지난해의 수출 증가 이유는 주력 제품인 휴대폰의 미국 내 판매가 크게 늘었기 때문이다.

B. 35자

 전년 수출 증가 이유는 주력인 휴대폰의 미국 판매 호조 때문이다.

C. 26자

시스템이다. 게다가 주 2회, 회당 50분을 방영해야 한다.

2시간짜리 영화를 제작하는 데도 1년 넘게 걸리는데, 2시간짜리 드라마를 한 주에 제작한다는 것이 어떻게 보면 기적에 가깝다. 드라마는 A팀과 B팀으로 나눠 감독 2명이 찍기도 한다.

그러다 보니 드라마는 압축적으로 스토리를 전개하기보다는 늘어지는 스토리를 전개한다. 단편영화제 대상 작품을 장편으로 리메이크하거나, 드라마 감독이 영화를 찍을 때 실패하는 이유는 비슷하다.

글이 간결해야 하는 이유는 무엇일까? 아래 예시를 보자.

A. 지난해의 수출이 크게 늘어난 이유는 주력으로 하는 제품인 휴대폰의 판매가 미국 내 시장에서 크게 증가했던 것 때문이었다.(50자)

B. 지난해의 수출 증가 이유는 주력 제품인 휴대폰의 미국 내 판매가 크게 늘었기 때문이다.(35자)

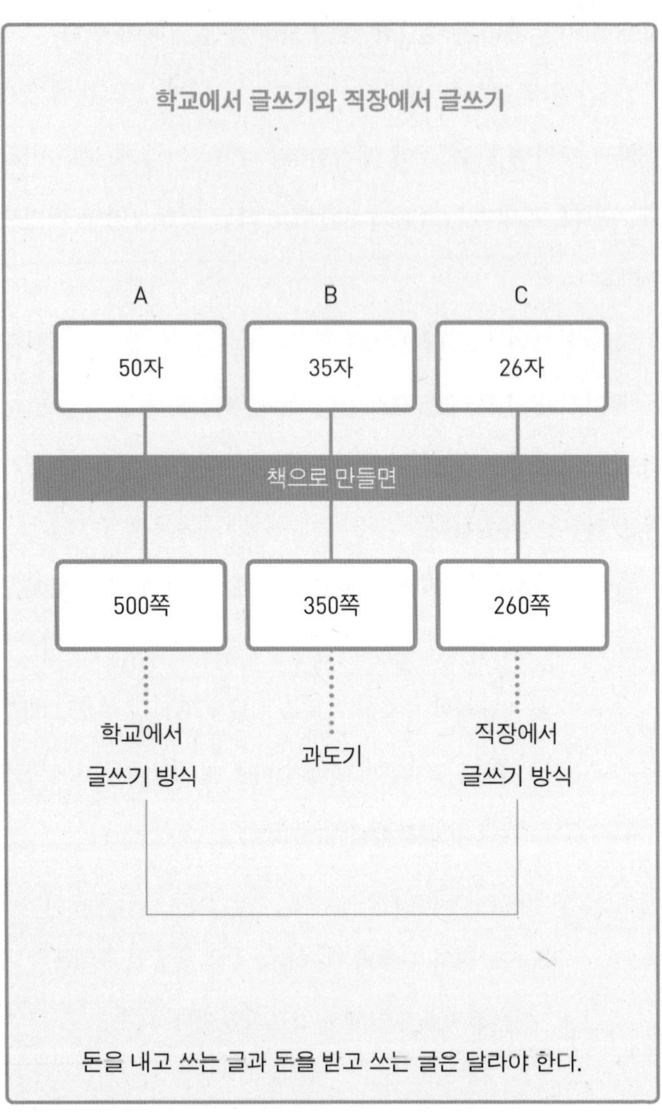
학교에서 글쓰기와 직장에서 글쓰기
A
B
C
50자
35자
26자
책으로 만들면
500쪽
350쪽
260쪽
학교에서
글쓰기 방식
과도기
직장에서
글쓰기 방식
돈을 내고 쓰는 글과 돈을 받고 쓰는 글은 달라야 한다.

C. 전년 수출 증가 이유는 주력인 휴대폰의 미국 판매 호조 때문이다.(26자)

세 문장 모두 동일한 내용을 담고 있고, 정보량에는 큰 차이가 없다. 한 문장으로는 큰 차이가 없지만, 책 한 권이라고 생각해보자. C처럼 쓴다면 260페이지면 충분하다. A처럼 쓰면 500페이지가 된다. 동일한 정보량을 획득하는 데 A는 C의 2배가량의 시간이 걸린다.

취미로 글을 쓸 때 이 정도의 압축성을 추구할 필요는 없다. 그러나 프로페셔널한 글쓰기에서는 독자의 시간을 최대한 아껴주어야 한다. 10분이면 할 이야기를 20~30분에 걸쳐 할 이유가 있을까? 이는 영상을 제작하거나 프레젠테이션을 할 때도 동일하다.

최근 인기를 끄는 유튜브 영상을 보면, 한 명이 나와서 화면 전환 없이 이야기만 하지만 지루하지 않다. 문장과 문장 사이의 여백을 편집으로 모두 잘라냈기 때문이다. 한 유튜버는 '어떻게 대본 없이 그렇게 속사포처럼 말할 수 있냐'는 질문에 '실제로는 30~40분 떠든 분량을 10분으로 편집한다'고

시를 쓰듯
빼고 또 빼라.

더는
뺄 수 없을
때까지 빼라.

말했다.

우리는 학교에서 글쓰기를 할 때 정반대로 해왔다. 1페이지짜리 얕은 생각을 10페이지로 뻥튀기해야 했기 때문이다. 10페이지짜리 보고서를 쓰려면 20~30페이지 분량의 아이디어와 자료를 압축해야 하는데, 빈약한 내용을 가리기 위해 또는 정해진 분량을 채우기 위해 늘려 쓰기에 급급했다.

학교는 내가 돈을 내고 다니기 때문에 성의만으로도 충분하다. 그러나 취업 목적 또는 직장에서 보고서를 쓸 때는 돈을 받고 콘텐츠를 파는 것이기 때문에 성의만으로는 부족하다. 대표, 상사, 고객은 모두 바쁘다. 1페이지짜리 아이디어를 10페이지에 장황하게 늘어놓으면 싫어한다. 10페이지 분량의 아이디어를 1페이지에 담아야 좋아한다.

글을 잘 쓰고 싶은 사람의 착각이 있다. 표현이 풍부하면 글을 잘 쓰는 것처럼 여긴다는 것이다. 실은 반대다. 표현은 필요한 만큼만 사용되어야 한다. 표현 과잉의 글을 보았을 때 독자의 느낌은 1리터 용량의 글라스에 와인 한 모금이 담긴 것을 마주한 것과 같다.

그는 진짜 아주 몹시 매우 무척 착하다.	=	그는 착하다.

말에서는 수식어가 퍼포먼스적 기능을 하지만,
글에서는 수식어가 아무리 강해도 큰 의미가 없다.

"시를 쓰듯 빼고 또 빼라. 더는 뺄 수 없을 때까지 빼라."

내가 후배들에게 자주 하는 이야기다. 초고를 쓸 때는 머릿속에서 떠오르는 생각을 빠르게 써야 한다. 처음부터 머릿속에서 완벽하게 정리된 문장이 나올 수 없기 때문이다. 유튜버가 30분 떠든 영상을 10분으로 여백 없이 편집하는 것처럼 글도 일단 쏟아낸 다음 다듬어가며 글의 완성도를 높여야 한다.

'너무 비싸다'는 표현이 있다. 얼마나 비싸야 비싼 것일까? 자동차가 4,000만 원이면 비싼 것일까? 국산차라면 비싼 편이고 수입차라면 싼 편이다.

다음 5가지 표현 중에 누가 가장 나쁜 놈일까?

① 그는 나쁜 놈이다.

② 그는 정말 나쁜 놈이다.

③ 그는 때려죽일 정도로 나쁜 놈이다.

④ 그는 이 우주상에서 가장 나쁜 놈이다.

⑤ 그는 어떤 말로도 표현할 수 없는 나쁜 놈이다.

표현이 세다고 본질이 세지지는 않는다. 읽는 사람에게는 ①이나 ⑤나 그냥 나쁜 놈일 뿐이다.

다음 5가지 표현 중에 누가 가장 나쁜 놈일까?

① 그는 사람을 죽였다.

② 그는 어머니를 죽였다.

③ 그는 어머니를 벽돌로 때려 죽였다.

④ 그는 200만 원 때문에 어머니를 벽돌로 때려 죽였다.

⑤ 그는 여자 친구와 해외여행을 가기 위한 200만 원이 필요해 어머니를 벽돌로 때려 죽였다.

이번에는 뒤로 갈수록 분노의 게이지가 치솟는 것을 느낄 것이다.

그럼 첫 번째 예에서 가장 센 표현과 두 번째 예에서 가장 약한 표현을 붙여보자.

D 그는 어떤 말로도 표현할 수 없을 정도로 나쁜 놈이다. 그는 사람을 죽였다.

첫 번째 예에서 가장 약한 표현과 두 번째 예에서 가장 센 표현을 붙여보자.

> E 그는 나쁜 놈이다. 그는 여자 친구와 해외여행을 가기 위한 200만 원이 필요해 어머니를 벽돌로 때려 죽였다.

D처럼 미사여구가 아무리 많이 붙어도 E처럼 구체적인 팩트를 이길 수 없다. 그래서 이런 말이 나왔다.

> '설명하지 말고 보여주어라.'

그럼 앞뒤 두 문장을 모두 가장 센 표현으로 조합해보면 어떨까?

> F 그는 어떤 말로도 표현할 수 없는 나쁜 놈이다. 그는 여자 친구와 해외여행을 가기 위한 200만 원이 필요해 어머니를 벽돌로 때려 죽였다.

어느 것의 임팩트가 더 큰가?

D

그는 어떤 말로도 표현할 수 없을 정도로 나쁜 놈이다.
그는 사람을 죽였다.

E

그는 나쁜 놈이다.
그는 여자친구와 해외여행을 가기 위한 200만 원이 필요해
어머니를 벽돌로 때려 죽였다.

실질이 없으면 수식어는 기능을 하지 못한다.

그가 얼마나 나쁜지 풍부한 표현을 통해 충분히 설명했다고 생각하는가? E만으로도 충분한데, F처럼 길게 늘려 쓰면 독자를 지루하게 만들 뿐이다.

다음 두 가지 예시문을 비교해보자.

> G 나는 정말 내가 누구보다도 열심히 살아왔다고 생각한다. 나는 정말 착하게 살았다. 진짜 거짓말 안 하고 나처럼 세상에 착한 사람은 없을 것이다. 그래서 나처럼 착한 사람은 하늘이 기꺼이 굽어 살펴보아 나중에라도 정말 제대로 된 엄청난 보상을 하리라고 믿어 의심치 않는다. 이렇게 착한 마음으로 살아가는 나는 오늘도 정말로 행복하다.

> H 나는 열심히 살았다. 고3 때 부모님께서 교통사고로 돌아가시고 대학 입시에 실패한 뒤 1년 동안 아르바이트로 모은 돈으로 재수했지만 낙방해 다시 1년 동안 돈을 모아 4수만에 대학에 붙었다. 그렇지만 동생의 대학 입시를 위해 학교를 포기하고 다시 일을 시

나보다 열심히 산 사람 있으면 나와 보라 그래.

승객 여러분, 안전을 위해 버스가 운행 중일 때는 앉아주세요.

> 작해 동생을 뒷바라지했다. 이렇게 착하게 살면 언젠가 하늘이 알아주시겠지.

G는 스스로 착하다고 이야기하지만 듣는 사람은 정말 착한지 알 수가 없다. H는 듣는 사람이 착하게 살았다는 것을 짐작할 수 있다.

대학생들이 쓰는 자기소개서를 보면 대개 G처럼 쓴다. 자기소개서 광탈(광속탈락)의 이유다. 다음 예문을 보자.

- 나는 창의적 인재입니다.
- 나는 도전적 인재입니다.
- 나는 성실한 인재입니다.
- 나는 배려심 많은 인재입니다.
- 나는 책임감 있는 인재입니다.

열심히 자신을 어필하고 있지만, 채용 담당관의 생각은 이렇다.

취준생의 생각

"나는 창의적 인재입니다."

"나는 도전적 인재입니다."

"나는 성실한 인재입니다."

"나는 배려심 많은 인재입니다."

"나는 책임감 있는 인재입니다."

· 얼마나 창의적이어야 창의적이라 할 수 있는가?

· 얼마나 도전적이어야 도전적이라 할 수 있는가?

· 얼마나 성실성 있어야 성실성 있는 것인가?

· 얼마나 배려심 많아야 배려심 많은 것인가?

· 얼마나 책임감 있어야 책임감 있는 것인가?

남들보다 글쓰기를 잘해서 뻐기고 싶을 때 흔히 쓰는 기법이 있다. 세상 누구도 모를 것 같은 격언과 문구를 인용하는 것이다. '와, 내가 이런 것까지 알고 있어. 대단하지 않아?'라고 자랑하고 싶은 것이다. 또는 화려한 미사여구에 집착하는 것이다. '와, 내가 이런 표현까지 가능해. 대단하지 않아?'라고 생각할지 모르겠지만, 와인은 찔끔 담긴 커다란 글라스일 뿐이다.

'구체성'과 '맥락'을 보여주려면 많은 분량이 필요하지 않은가 하고 생각할 수 있다. 구체성이 중요하다고 영화에서 계속 근경만 보여주고 있으면 지루할 것이다. 쉽게 설명하려고 맥락을 계속 설명하고 있으면 지루할 것이다. 뭐든 넘치면 좋지 않다.

채용 담당관의 생각

"얼마나 창의적이어야 창의적이라 할 수 있는가?"
"얼마나 도전적이어야 도전적이라 할 수 있는가?"
"얼마나 성실성 있어야 성실성 있는 것인가?"
"얼마나 배려심 많아야 배려심 많은 것인가?"
"얼마나 책임감 있어야 책임감 있는 것인가?"

'그것은 당신이 간결체를 추구하니까 그렇고, 만연체를 추구하는 글은 다르지 않은가?', '뛰어난 작가도 묘사만으로 몇 페이지를 할애하기도 하지 않는가?'라고 의문을 가질 수 있을 것이다.

우리는 학교에서 강건체·우유체, 만연체·간결체, 화려체·건조체 등의 문체가 있다는 것을 배웠다. 다양한 어휘를 활용하면 글이 풍부해진다. 그런데 문체·어휘는 생각을 담는 그릇, 즉 글라스다. 휘황찬란한 글라스라도 맛없는 와인을 담으면 맛없는 와인을 마실 수밖에 없다. 어휘가 풍부하면 글이 돋보이지만 중요한 것은 와인이다.

뛰어난 문장력으로 인정받는 작가라도 의미 없이 허투루 쓰는 표현은 하나도 없다. 그 작가가 사용한 어휘·문체는 심사숙고해서 살아남은 도구들이다. 전문 작가가 아닌데 과잉 표현을 남발하면 겉멋이다.

피겨스케이팅 올림픽 금메달리스트 김연아가 트리플 러츠를 예술적으로 하기 위해서는 먼저 트리플 러츠를 기능적으로 할 수 있어야 한다. 처음 배우는 단계에서는 넘어지지 않도록 벨트에 줄을 연결해 구분 동작을 연습한다.

기능적으로 할 수 없으면서 아름답게 할 수는 없다.

줄 없이 점프할 수 있게 된 후에야 동작을 아름답게 하는 연습을 한다. 트리플 러츠의 기본적인 동작을 제대로 못하면서 아름답게만 하려 한다면 아무것도 되지 않을 것이다. 심미성이란 기능성을 바탕으로 존재하는 것이다.

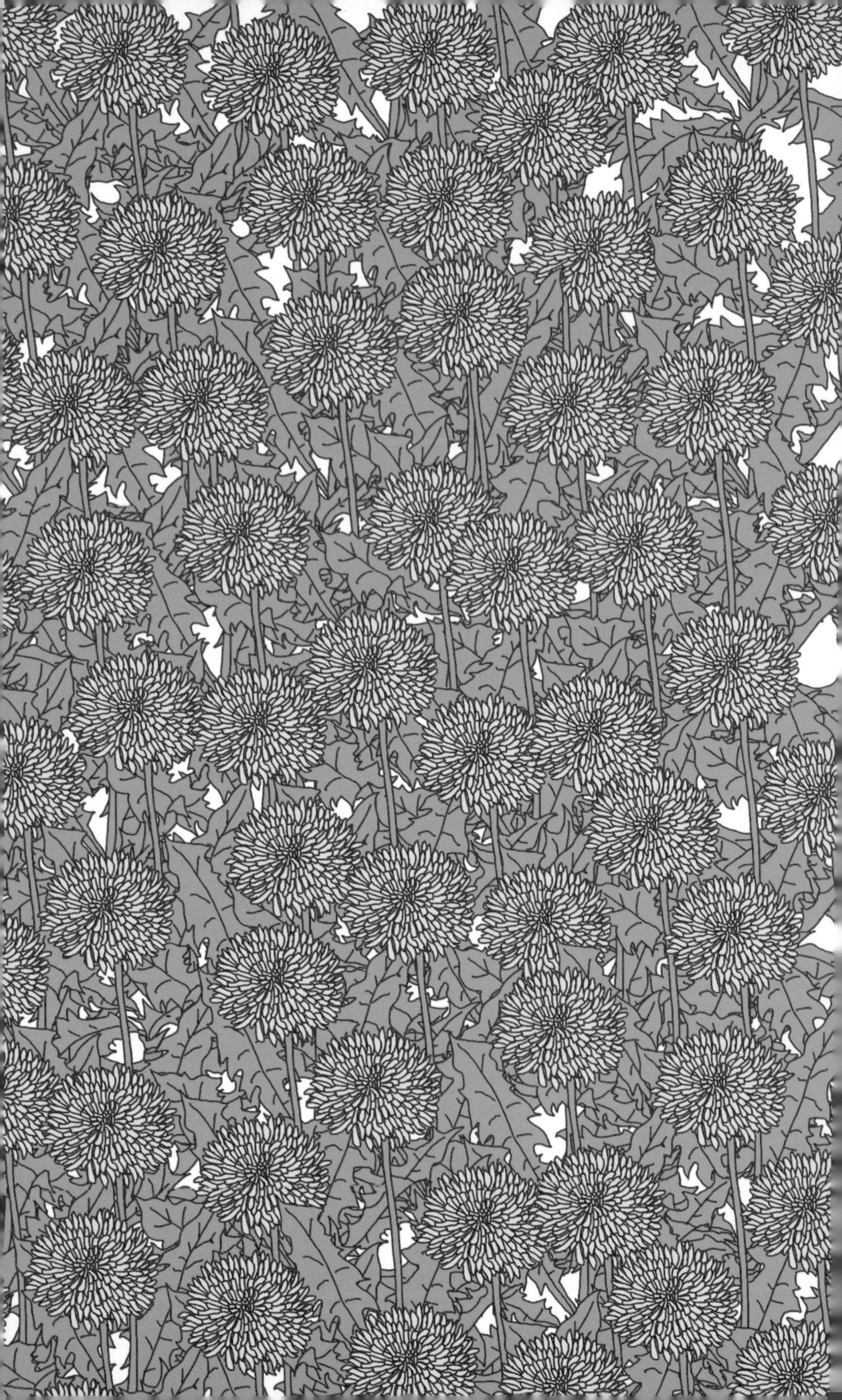

부사(=수식어)는 민들레와 같다.

잔디밭에 하나가 있으면, 예쁘고 독특하다.

뽑지 않고 두면, 다음 날은 다섯 송이로 늘 것이다.

또 다음 날은 쉰 송이가 될 것이다.

마침내, 나의 형제자매들아, 너희의 잔디밭은

전부, 완전히, 쓸모없이 민들레로 덮일 것이다.

그것이 잡초임을 깨달을 땐,

맙소사, 너무 늦었다.

스티븐 킹

08

퇴고

처음 보는 글의 파악 과정

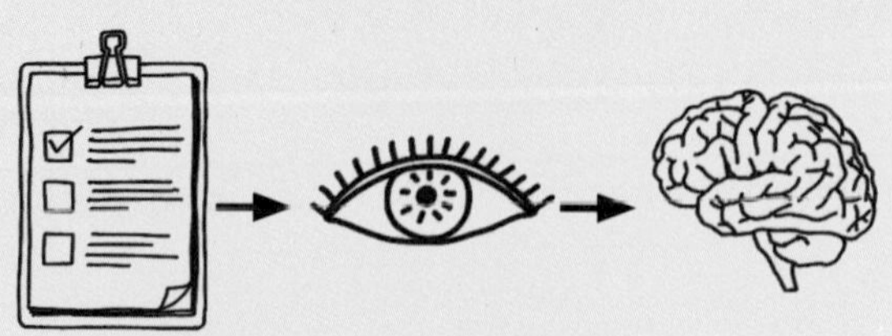

눈을 사용하지 않으면 내용을 파악할 수 없다.

두 번째 보는 글의 파악 과정

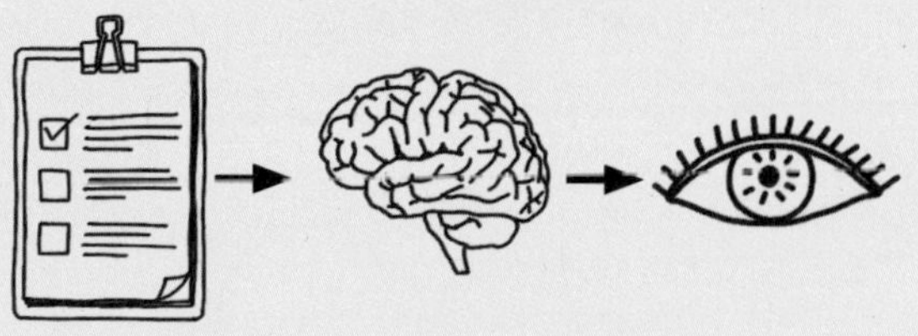

이미 아는 내용이므로 눈을 100% 사용하지 않는다.

낯설게 하기

신기하게도 자기가 쓴 글은 오타가 잘 안 보이는데, 남의 글은 오타가 잘 보인다. 왜 그럴까?

글을 읽을 때는 눈을 통해 시각 정보를 파악한 후 뇌에서 해석 과정을 거친다. 눈은 뇌보다 느리다. 처음 보는 글은 눈이 정보를 파악하는 속도가 뇌의 인지 속도보다 느리다. 컴퓨터의 CPU는 최신이지만 스캐너는 10년 전 것을 쓰는 것과 비슷하다. 처리 속도는 GB(기가바이트)급인데, 입력 속도는 MB(메가바이트) 속도인 셈이다.

그러나 자신이 쓴 글은 뇌가 내용을 파악하고 있기 때문에 눈이 뇌의 속도를 따라가지 못한다. 오타를 정확하게 발견하기 어렵다.

자기가 쓴 글을 다듬으려면 '낯설게 하기'가 필요하다. 갓 완성된 글은 기억이 생생하게 뇌에 남아 있기 때문에 오류를 파악하기 어렵다. 컴퓨터로 치면 임시저장장치인 램RAM에서 지운 뒤에 재부팅해서 보아야 한다.

첫 번째 방법은 종이에 출력해서 보는 것이다. 모니터와

종이의 가장 큰 차이는 해상도다. 대개 모니터는 72dpi(도트 퍼 인치), 인쇄한 글자는 300dpi다. 모니터에서 글자를 크게 해도 테두리가 번지면서 글자가 눈에 잘 들어오지 않는다. 프린터로 출력한 글자가 4배 더 선명하다. 짧은 글은 모니터로 보아도 충분하지만, 긴 글을 읽을 때는 출력물이 인간의 눈에 더 적합하다.

또 모니터에는 시선을 분산시키는 요소가 많다. 워드프로세서 프로그램만 해도 상단에 도구 메뉴가 잔뜩 있고, 아래에는 윈도 프로그램의 상태 바status bar가 있다. 인쇄된 문서에는 종이의 흰 배경 말고 주의를 분산시키는 요소가 없다. 글에 대한 집중도가 높아진다.

두 번째 방법은 시간을 두고 글을 보는 것이다. 금요일 저녁에 쓴 보고서를 월요일 아침에 본다든지, 퇴근 직전 완성한 글을 다음 날 출근해서 다시 보는 것이다. 그 정도 여유가 없다면 점심식사 직전에 완성한 글을 식사 후 들어와서 보거나, 그것도 안 되면 담배 한 대를 피우러 나갔다 오거나 커피 한 잔을 마시고 오는 것도 좋다.

무라카미 하루키는 『직업으로서의 소설가』에서 자신의 퇴고 과정을 설명했다. 그는 초고를 완성한 뒤 일주일을 쉰다. 그리고 고쳐쓰기에 들어간다. 고쳐 쓰는 작업에도 한두 달의 시간이 걸린다. 1차 고쳐쓰기가 끝난 뒤 다시 일주일을 쉬고 2차 고쳐쓰기에 들어간다. 장편소설을 쓸 때는 아예 보름에서 한 달쯤 작품을 서랍에 넣어두고 그런 게 있다는 것조차 잊어버리려고 노력한다. 그동안 여행을 하거나 의뢰받은 번역을 한다.

하루키는 작품을 묵히는 이 과정을 건축의 '양생' 과정과 비슷하다고 설명한다. 양생 후에는 세세한 부분의 철저한 고쳐쓰기에 들어간다. 이후 제3자의 의견을 듣고 지적받은 부분을 중심으로 고쳐 쓴다.

이후 출판사에서 보내준 교정지를 몇 번이고 고친다. 새까맣게 고친 교정지를 출판사에 보내고, 새로 온 교정지를 또 새까맣게 수정해서 보낸다. 더는 고치면 도리어 맛이 사라질지도 모른다는 미묘한 포인트에서 소설이 완성되었음을 깨닫는다고 하루키는 설명한다.

하루키는 반드시 제3자의 의견을 듣는 과정을 거친다. 출판사 편집자가 '이것은 이렇게 고치면 좋겠다, 이것은 저렇게

하루키의 퇴고 과정

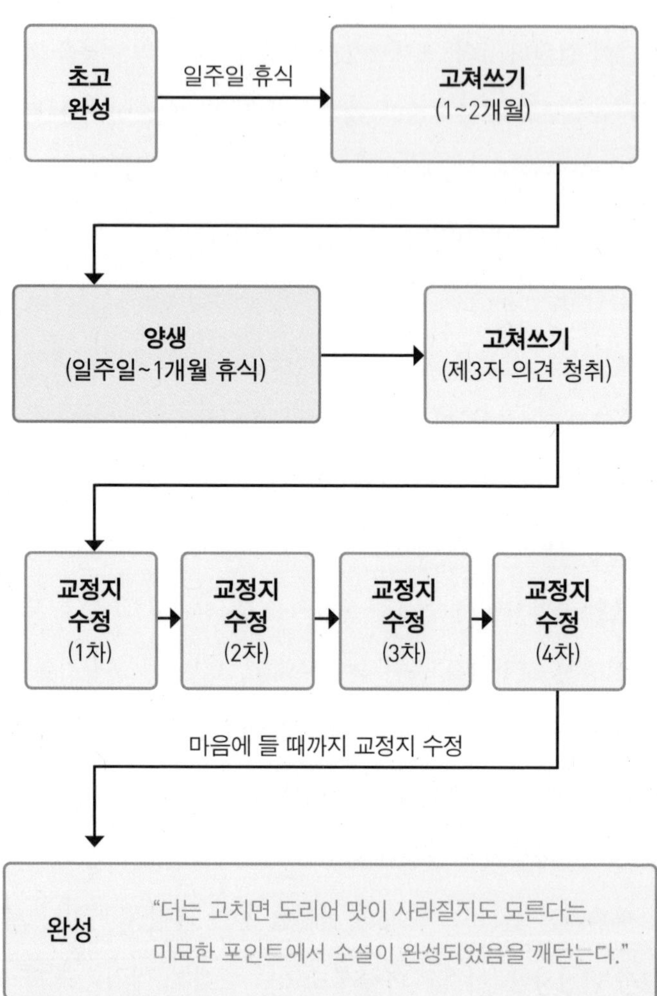
초고
완성
일주일 휴식
고쳐쓰기
(1~2개월)
양생
(일주일~1개월 휴식)
고쳐쓰기
(제3자 의견 청취)
교정지
수정
(1차)
교정지
수정
(2차)
교정지
수정
(3차)
교정지
수정
(4차)
마음에 들 때까지 교정지 수정
완성
"더는 고치면 도리어 맛이 사라질지도 모른다는
미묘한 포인트에서 소설이 완성되었음을 깨닫는다."

고치면 좋겠다'고 의견을 내는데, 편집자의 의견이 마음에 들지 않으면 반대 방향으로 고쳤다.

신기하게도 그렇게 수정된 원고를 편집자는 만족해했다. 하루키는 "중요한 것은 방향성이 아니라 고친다는 그 자체"라고 말한다. 어떻게 고치든 무조건 처음보다 좋은 결과를 가져왔다.

그의 태도는 존경할 만하다. 그는 제3자에게서 지적을 받은 부분은 자신의 생각과 다르더라도 무조건 고친다. 지적을 받았다는 것은 방향성은 틀릴지언정 자신은 인식하지 못하지만 뭔가 문제가 있다는 이유에서다. 그렇게 고치면 역시나 처음보다 좋은 글이 되었다.

고쳐쓰기의 중요성을 깨달은 하루키의 일화가 있다. 1980년대에 소설 『댄스 댄스 댄스』를 쓸 때다. 당시로서는 최신인 후지쓰의 포터블 워드프로세서로 작성했는데, 로마에서 집필을 시작해 런던에서 마무리했다.

그런데 로마에서 저장한 글이 런던에서 열리지 않아 한 챕터를 통째로 날려 먹었다. 저장한 플로피디스크에 오류가 생긴 것이다. 아무리 노력해도 사라진 글을 복구할 수 없었다.

외장 하드디스크가 없던 시절

5.25인치 플로피디스크. '무려' 500KB를 저장할 수 있었다.

그는 “사라진 것도 쇼크였지만, 그 챕터는 ‘이건 내가 썼지만 아주 잘 썼다’고 자부한 글이기 때문에 기운이 쭉 빠졌다”고 당시 심정을 설명했다.

언제까지고 낙담할 수는 없어서 기억을 더듬어 사라진 챕터를 다시 써내려갔다. 그런데 소설을 발간한 뒤 행방불명된 오리지널이 불쑥 튀어나왔다. 하루키는 ‘책으로 발간된 것보다 오리지널이 더 잘 썼으면 어떡하지’라는 걱정으로 오리지널을 다시 읽었다. 결과는 “나중에 다시 쓴 버전이 명백히 뛰어났다”였다.

> “본인이 아무리 ‘잘 썼다’ ‘완벽하다’라고 생각해도 거기에는 좀더 좋아질 가능성이 있습니다. 그래서 나는 퇴고 단계에서는 자존심이나 자부심 따위는 최대한 내던져버리고 달아오른 머리를 적정하게 식히려고 노력합니다. 그러고는 외부의 비판에 견뎌낼 태세를 정비합니다. 뭔가 재미없는 소리를 듣더라도 가능한 한 꾹 참고 꿀꺽 삼킨다. 작품이 출간된 뒤에 들어오는 비평은 적당히 흘려 넘긴다. 그런 것에 일일이 신경 쓰다가는

나도 로마에서 집필을 시작해 런던에서 마무리하고 싶다.

> 몸이 당해내지를 못한다(진짜로). 하지만 작품을 쓰는 동안에는 주위에서 들어오는 비평·조언은 가능한 한 허심탄회하게, 겸허하게 반영하지 않으면 안 된다. 그것이 옛날부터의 나의 지론입니다."(무라카미 하루키, 『직업으로서의 소설가』 중에서)

스티븐 킹이 쓴 『유혹하는 글쓰기』에도 비슷한 내용이 나온다. 킹은 초고를 오래 묵히면 묵힐수록 좋다고 강조한다. 처음 쓴 글은 각고의 노력을 들여 완성한 것이기 때문에 자기 글에 대한 무한한 애정이 깃들어 있다. 앞서 하루키도 '이건 내가 썼지만 아주 잘 썼다'는 이유로 챕터가 사라진 것에 낙담했다.

킹에 따르면, 원고를 묵히고 아예 그런 글이 있다는 것조차 잊어버릴 정도가 되면 자기가 쓴 글이 아니라 남이 쓴 것처럼 느껴지기 때문에 가차 없이 삭제하거나 뒤집어엎기가 쉽다고 한다. 왜냐면 작가가 사랑하는 표현과 문장을 자기 스스로 버리기는 어려운 일이기 때문이다.

하루키와 킹이 명언을 남겼으므로, 나도 멋진 말을 하나

지옥으로 가는 길은 수많은
부사로 뒤덮여 있다.

I believe the road to hell is paved with adverbs.

스티븐 킹

남겨보고자 한다. 개인적으로, '초고는 신생아와 같다'고 본다. 신생아일 때는 아직 자기 앞가림을 하지 못한다. 한 번 수정 작업을 거치면 유치원생, 또 한 번 수정하면 초등학생이 되고, 고치기를 거듭하며 중학생·고등학생·대학생·직장인이 되어 사회적 존재로서 역할을 하게 된다. 그제야 '이제 독립할 때가 되었다'고 부모가 안심하듯이, 원고도 세상에 내보낼 수 있을 정도가 된다.

09 스티브 잡스처럼 발표하기

축하합니다.
최다 출연자가
되셨습니다

This is one device

빌 게이츠, 스티브 잡스, 마크 저커버그, 제프 베저스, 일론 머스크는 모두 머리가 뛰어난 사람들이다. 그중에서도 스티브 잡스가 유독 주목을 받는 것은 유머 감각을 갖추고 있기 때문이다. 그가 남긴 어록 때문에 진지한 사람으로 아는 사람이 많다. 하지만 그의 프레젠테이션을 보면 늘 웃고 있다. 그의 프레젠테이션 스킬은 발표의 모범 답안처럼 여겨진다. 그러나 그의 발표에서 중요한 것은 글라스가 아니라 와인이다.

2007년 아이폰을 처음 소개하는 프레젠테이션에 잡스의 유머 감각이 가장 잘 드러나 있다. 그는 아주 진지한 표정으로 폼을 잡는다. 1984년 맥킨토시를 보여주며 "우리는 컴퓨터 역사를 바꾸었다"고 말한다. 이어 아이팟을 보여주며 "우리는 음악을 듣는 방식이 아니라 음악 산업 전체를 바꾸었다"고 말한다. '오늘 저 정도 급의 제품이 나오겠구나'라고 관객의 기대감을 한껏 고조시킨다.

잡스는 "오늘 우리는 컴퓨터 산업을 바꿀 3가지 제품을 소개하려 한다"고 말한다. 관객들은 환호한다. '맥킨토시, 아이팟

"이것은 컴퓨터 역사를 바꾸었다."

"이것은 음악 산업 전체를 바꾸었다."

급의 제품이 하나가 아니라 3개나 나온다고?'라고 감탄한다.

화면에는 3가지 제품이 아이콘과 함께 소개된다. '스마트폰', '와이드스크린 음악 재생기', 'PC 환경과 동일한 기능의 인터넷 네비게이터'다. 잡스는 '빨리 너희가 놀라는 모습을 보고 싶다'는 미소를 띠면서 "스마트폰, 아이팟, 인터넷"을 하나씩 호명한 뒤, 다시 "스마트폰, 아이팟"을 호명한다. 화면에는 삼각기둥 모양으로 합쳐진 3개의 아이콘이 소개될 때마다 회전한다. 이때쯤 관객들은 어렴풋이 3개의 제품이 하나가 아닐까 하고 궁금해하기 시작한다.

'도저히 이걸 빨리 말하지 않고는 못 배기겠다'는 표정의 잡스는 "이제 아시겠어요? 이것들은 3개의 다른 기기가 아닙니다. 하나의 기기입니다Can you see it? They are not three different devices. This is one device"라고 정점을 찍는다. 관객들은 환호한다. '와, 맥킨토시와 아이팟 급의 역사적인 제품이 하나가 아니라 3개나 되는데, 그게 따로따로가 아니라 하나에 다 들어 있다고! 내가 이런 역사적인 장소에 함께할 수 있다니!'라고 감동한다.

이어 아이폰의 기능을 하나하나 소개할 때도 잡스의 유머는 계속된다. '너네 이것은 전혀 몰랐지', '너네 이런 거 처음 보지'와 같은 표정을 지으며 관객들을 들었다 놨다 한다. '용용 죽겠지' 하며 친구를 놀리듯 하는데, 하나하나가 대단한 것들이어서, 관객들은 놀림 받는다기보다는 '내가 세상에서 가장 먼저 새로운 역사를 영접한다'는 자부심에 빠져든다. 관객들이 환호성을 지르며 박수를 칠 때 잡스는 입이 귀에 걸릴 정도로 환한 미소를 지으며 무대를 즐긴다.

1984년 맥킨토시 발표장에서도 잡스는 동일한 표정을 짓고 있었다. "저게 스티브 잡스예요?"라고 물어본 사람도 있을 정도로 풍성한 장발을 한 잡스는 가방에서 맥킨토시 컴퓨터를 꺼낸다. 2008년 맥북 에어 발표장에서 서류봉투에서 맥북 에어를 꺼낸 것은 여기에서 유래한 것이다.

당시는 무선 마이크가 없었으므로 잡스는 무대 연단에 서 있고, 컴퓨터가 퍼포먼스를 했다. 영화 <불의 전차>의 도입부 음악이 깔리면서 무대가 어두워지고, 모니터에서 커다란 글자가 우측에서 좌측으로 흐르기 시작했다. 그간 컴퓨터는 글자를 입력해 데이터를 추출하는 것이 역할이었고 그래픽이라는 개념은 없었다. 그런데 업무용 컴퓨터에서 게임 같은 그래픽이 구현된 것이다.

글자가 보이는 순간, 관객들은 박수와 함께 엄청난 환호를 보냈다. 화면뿐만이 아니었다. 잡스가 "맥킨토시가 최초로 말을 하는 것을 들으시겠습니다"라고 하자, 맥킨토시는 텍스트를 음성으로 전환하는 프로그램을 통해 "안녕, 내 이름은 맥킨토시야. 우선 가방에서 나오니 참 좋네.……아빠 이름은 스티브 잡스야. 가방에 들어가지 않는 컴퓨터는 신뢰하지 마"라고 이야기한다.

맥킨토시 발표 영상은 5분 남짓인데, 짧은 발표가 끝난 뒤 관객들이 환호와 박수를 보낼 때 잡스는 2007년 아이폰 발표 때와 동일한 환한 미소를 계속 짓고 있다.

잡스가 발표한 제품은 그 자체로 컴퓨터 역사의 한 획을 긋는 제품들이기 때문에 그가 발표를 재미있게 하든 건조하게 하든 의미는 변치 않을 것이다. 그러나 잡스는 그가 즐거워하는 만큼 관객들도 함께 즐거워하기를 바라는 마음에서 극적인 방법으로 보여주려고 했다.

이걸로 어떻게 사람들을 놀라게 하지?

젊은 시절의 스티브 잡스

잡스처럼 발표하기가 불가능한 이유

이제 잡스처럼 발표하기 위해서 어떻게 해야 하는지 이야기해보자. 여기까지 읽었다면 무엇을 이야기하려는지 알 것이다. 뛰어난 발표는 발표 자체로 존재하지 않고, 발표하려는 대상이 뛰어나야 한다는 점이다. '내가 만든 이 뛰어난 결과물을 빨리 너희에게 이야기하지 않고서는 도저히 못 배기겠어'라는 생각이 뛰어난 발표의 핵심이다.

대부분의 직장에서는 잡스와 같은 발표가 어렵다. 당장 애플이 아닌 인텔에서 신제품 발표를 한다고 생각해보자. 잡스 시절의 애플은 '애플=잡스'일 정도로 잡스가 회사를 주도했다. 그러나 인텔이라면 분업화가 되어 있기 때문에 발표하는 사람과 개발한 사람이 다를 수 있다. 국내 대부분의 회사도 인텔과 마찬가지일 것이다.

발표자와 개발자(혹은 기획자)가 다를 경우에는 최대한 발표자와 개발자가 상호 소통해야 한다. 발표자가 개발의 히스토리를 모르면 무미건조하게 텍스트를 읽는 것에 그칠 수밖에 없다.

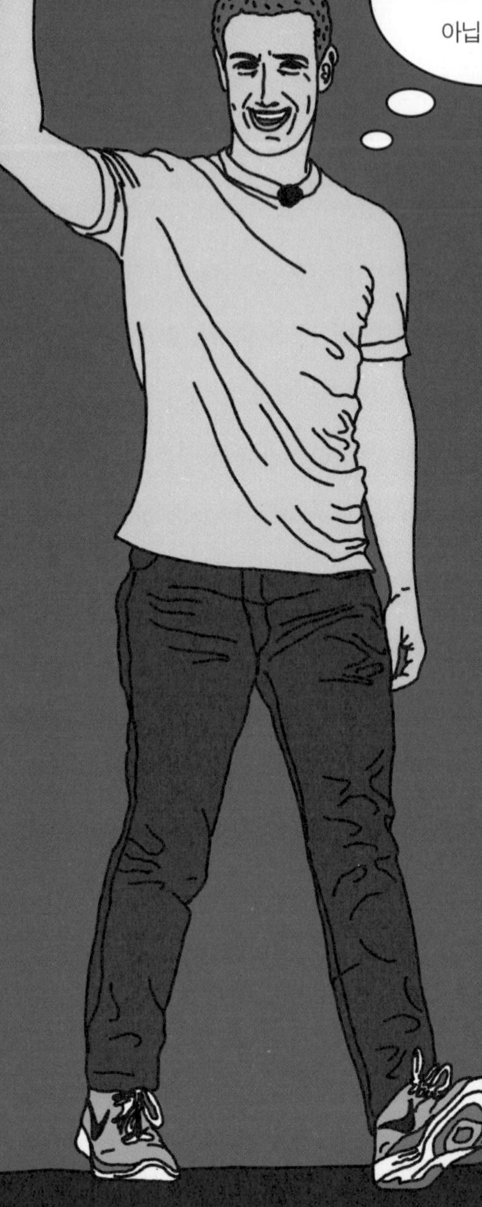
facebook
이 맛에
CEO 하는 거
아닙니까?

한국 기업의 높으신 분들이 발표에 약하다는 점도 이유다. 사내 이슈를 가장 잘 아는 사람은 대표다. 그가 발표해야 잡스와 비슷한 발표가 나올 수 있지만, 대개는 무대에 서는 것이 익숙지 않기 때문에 직원에게 시킨다. 그나마 사업부 담당 이사가 하면 낫겠지만, 그 또한 무대에 익숙지 않다. 이런저런 이유로 외모가 받쳐주는 젊은 직원이 무대에 서는 경우가 많다.

기업 소개서를 신입사원이 작성할 때와 사업부 이사가 쓸 때의 차이처럼 신입사원이 발표를 하면 단편적일 수밖에 없다. 또한 젊은 직원은 권한이 많지 않기 때문에 유머라는 스킬을 쓸 수가 없고 결국은 단편적이고 건조한 발표가 될 수밖에 없다.

TV에서 자주 보는 대변인에게 필요한 자질을 생각해보자. 대개 외모 또는 목소리가 좋은 사람이 할 것이라고 생각하는데, 반은 맞고 반은 틀리다. 화면에 자주 모습을 보이고 시청자들이 한 번이라도 관심을 갖고 보게 만들려면 외모와 목소리가 좋은 사람이 그렇지 않은 사람보다 나을 것이다.

그보다 중요한 것은 내부 커뮤니케이션을 잘하는 사람이

대변인은 능숙한 화술보다 내부 커뮤니케이션에 능한 사람이어야 한다.

어야 한다는 점이다. 자신이 속한 조직의 모든 이슈를 항상 파악할 정도로 높은 지위에 있어야 하며, 성격이 모나지 않아 이슈의 당사자에게도 연락을 수시로 취해 진상을 파악할 수 있어야 하고, 최고 책임자의 의중을 파악하고 있어야 한다. 대변인을 맡은 동안 '대변인=조직'이 될 수 있도록 할 수 있어야 한다. 이렇다 보니 조직 내 실세가 대변인이 되는 경우가 많다.

10

에필로그

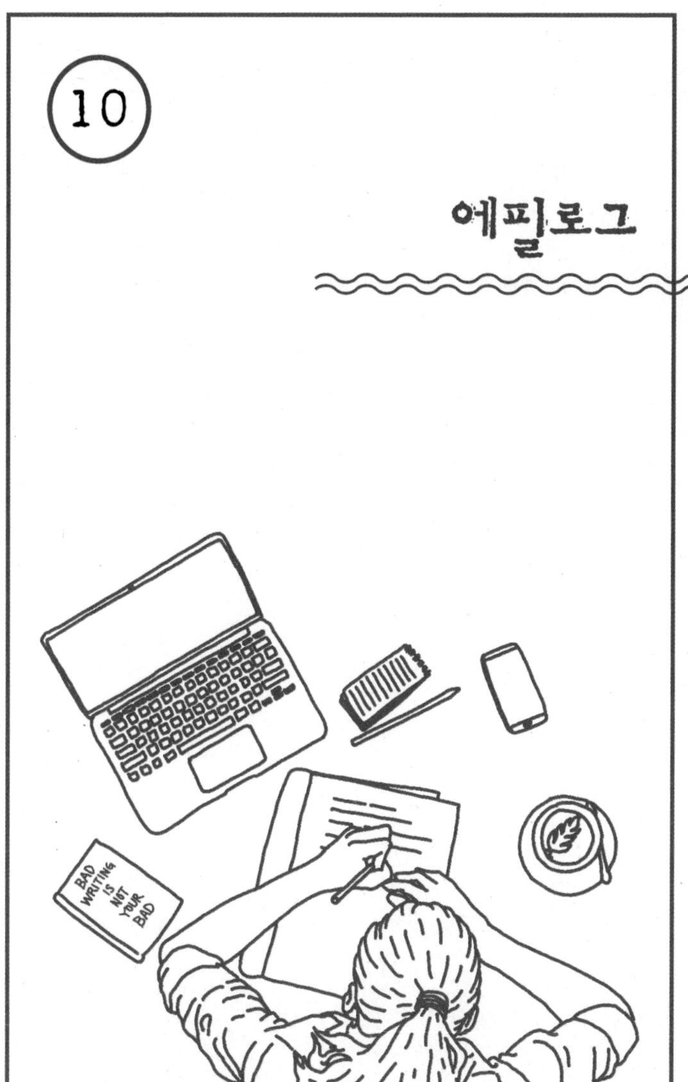

자, 이제 저에게 주목해주실…거죠?

세 가지 오해

1.

한때 스티브 잡스식 프레젠테이션 따라하기 열풍이 분 적이 있었다. 검은 터틀넥 티셔츠, 청바지, 뉴발란스 운동화를 착용하고, 핀 마이크를 장착해 무대를 자유로이 오가며 두 손을 활용했다. 백미는 프레젠테이션 화면을 끄고 말하는 사람에게 주의가 집중되도록 하는 것이었다.

따라하기 효과는 있었다. 점차 자료화면은 심플해졌고, 복장도 자유로워졌다. 일부러 화면을 끄고 화자에 집중하도록 하는 스킬은 닭살이 돋았지만 그런대로 괜찮았다. 그런데 잡스 프레젠테이션의 핵심은 형식에서 오는 것이 아니다.

잡스식 발표의 핵심은 구체성, 단순성, 맥락, 완성도, 간결성이다. 지금까지 설명한 내용들, 즉 와인에 있다. 그런데 글라스를 따라한다고 난리를 친 것이다. 당시에 나온 관련 책들을 보면 파워포인트 전문가, 디자이너, 스피치 전문가가 쓴 책이 많았다.

형식이 내용을 규정한다는 말도 있듯이 잡스식 발표를 흉

○○증권 착오 입력 화면

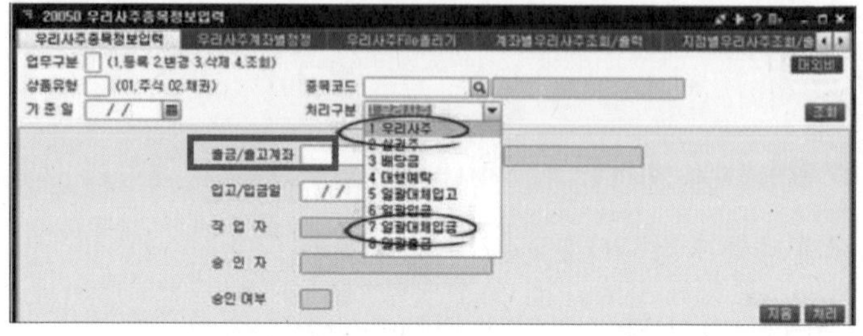

증권사 직원은 '원'과 '주'를 헷갈린 것이 아니라,
'일괄대체입금'과 '우리사주'를 헷갈렸다.

내내다 보니 내용적으로도 발전이 있기는 했다. 그렇지만 글쓰기나 발표를 전문적으로 하지 않는 사람이라면 잡스식 발표의 핵심이 무엇인지 알기는 어려웠다. 이 책이 잡스식 발표의 핵심을 깨닫는 데 도움이 되기를 바란다.

2.

한 증권사에서 우리사주 보유자들에게 배당금으로 1주당 현금 '1,000원'을 입금해야 하는데, 실수로 1주당 주식 '1,000주'를 지급하는 사고가 있었다. 당시 주가가 주당 3만 5,000원이 넘었으니 1주만 소유하고 있어도 3,500만 원(1,000주)어치 이상의 주식이 계좌로 꽂힌 것이다. 주가가 폭락하고 금융시장에 큰 혼란을 야기했다. 이 회사 대표, 이사, 부장 등 다 큰 어른들이 강당에 모여 반성문을 쓰고 대국민 사과를 해야 했다.

'초등학생도 아니고 명문대 나온 대기업 직원이 원과 주를 헷갈리다니, 술이라도 마신 건가?'라고 생각할 수 있다. 담당 직원은 그 정도로 바보는 아니었다.

실제로는 '원'과 '주'를 헷갈린 것이 아니라, 전산 프로그램의 처리 구분 항목에 '일괄대체입금'을 선택해야 하는데, '우리사주'를 선택했던 것이다. 해당 업무를 오래 맡았던 담당자가 휴가를 간 상태라, 시스템에 익숙지 않은 다른 직원이 임시로 업무를 맡으면서 사고가 터졌다.

신입사원의 회사생활이 고된 이유는 회사 내부의 복잡성 때문이다. 잘된 시스템은 의식의 흐름대로 자연스럽게 따라가면 되지만, 회사 시스템은 반대다. 억지로 외우면서 익숙해지는 수밖에 없다.

익숙해지지 않고 실수를 반복하다 보면 팀장이 "넌 초등학교도 안 나왔냐", "넌 왜 이야기를 하면 알아먹질 못하니"라고 야단칠 것이다. 그것은 실수한 사람의 잘못이 아니라 실수를 하도록 유도하는 시스템을 만든 사람의 잘못이다.

회사뿐만 아니라 사회 전체가 이런 식이다. 이 책을 쓴 이유는 세상의 무수한 복잡성을 줄이기 위해서다. 관공서에서 민원인이 공무원에게 화를 내거나, 상점에서 고객이 점원에게 화를 내는 이유는 복잡성을 판매자가 떠안지 않고 소비자에게 떠넘기기 때문이다.

상점과 관공서를 처음 방문하는 사람이 복잡한 시스템을 미리 다 파악하고 익숙하게 이용할 수 있을까? 일일이 물어

보게 되고, 직원들은 불친절해진다. 불친절해지는 것은 직원 책임이 아니라 경영자 책임이다.

3.

인공지능이 글을 쓰는 시대다. 인공지능이 사람을 대신해 소설을 쓸 수 있을까? '글라스' 수준까지는 능숙하게 쓸 것이다. 그러나 '와인' 수준으로는 절대 쓸 수 없다. 이 책을 읽었다면 이유를 짐작할 수 있을 것이다.

컴퓨터는 사람이 세팅한 대로 움직인다. 10가지 팩트 중에 5가지를 골라 압축적으로 설명하라고 하면, 사람이 10가지 팩트의 중요도를 정해 놓아야 한다. 빅데이터를 이용하면 자동차와 관련해서 사람들이 많이 언급하는 내용 5가지를 추출할 수는 있을 것이다.

그렇게 팩트를 고르더라도 구체성, 단순성, 맥락, 완성도, 간결성을 컴퓨터가 인간만큼 만들 수 없다. 인공지능이 인간처럼 글을 쓸 수 있다고 생각하는 사람은 이 책에서 설명한 수준의 글쓰기 완성도를 모르는 사람이다.

야구경기나 주식시황처럼 정량적인 데이터가 분명한 것만

인공지능은 와인 수준의 글을 쓸 수 없다.

인공지능이 작성할 수 있다. 9회말 0대 9로 지고 있다가 역전승을 거두면 '대역전승', '기적의 역전극' 정도로 입력해놓은 문구 중 랜덤으로 골라 제목을 정할 수 있을 것이다.

그런데 인공지능은 관중석에 앉아 야구를 관전하면서 기사를 쓰는 것이 아니다. '볼', '스트라이크', '출루', '아웃' 등 기록원이 일일이 결과를 데이터로 입력해놓은 것을 인공지능이 정리하는 것뿐이다.

또한 인공지능은 인간의 명령대로 쓴다. '대역전극'의 기준을 7점차로 할지, 10점차로 할지 프로그래머가 정해야 한다.

그러나 축구나 골프처럼 결과보다 내용이 중요한 경기는 인공지능이 쓰지 못한다. 짧게 결과는 쓰겠지만, 사람들이 보고 싶어 하는 흥미진진한 대결, 환호성, 탄식 같은 주관적 내용을 표현할 수 없다. 흉내낼 수는 있겠지만 그러려면 인공지능이 활용할 수 있도록 사람이 현장 상황을 데이터로 정리해놓아야 한다. 수치로 데이터화가 가능한 야구에 비해 축구의 데이터에는 인간의 주관이 많이 들어갈 수밖에 없다.

인공지능 스스로 사람이 하는 것만큼의 심리적 임팩트를 줄 수 없다. 소설을 쓰더라도 줄거리는 쓸 수 있겠지만, 심금

인공지능이 축구를 박진감 넘치게 중계할 수 있을까?

을 울리는 감정적 표현을 인간처럼 쓰지는 못할 것이다.

인간이 글쓰기를 발전시켜야 하는 이유도 인공지능 때문이다. 기초적인 수준의 글쓰기를 인공지능이 할 수 있다면, 인간은 그보다 뛰어난 글쓰기를 해야 한다.

11

마치며

취준생에게는 와인보다 글라스가 중요했다.

2000년대 후반에 회사 내 선배의 요청이 있었다. 자신이 데리고 있는 후배들의 글쓰기를 지도해달라는 내용이었다. 선배가 해도 되었지만, 내가 평소 후배들을 옆에 앉히고 조곤조곤 이야기하는 모습을 인상 깊게 본 듯했다. 그렇게 후배 3명을 데리고 스터디를 했다. 글쓰기부터 취재 노하우까지. 글쓰기를 어떻게 하면 잘하도록 가르칠까 하는 고민은 그렇게 시작되었다.

2015년 어줍잖은 기획으로 취준생들을 위한 글쓰기 책을 냈다. 글쓰기만으로 책 한 권을 만들 역량이 되지 않아 나머지 3분의 2는 직장생활에 필요한 사회와 경제를 보는 시각에 대해 잔소리를 늘어놓았다. 정작 취준생들에게는 그런 잔소리가 필요하지 않았다. 그들은 글쓰기보다는 기업이 원하는 모범 답안을, 인사 담당자가 원하는 면접 답변이 필요했다. 기업체는 지원자가 가진 와인을 알고 싶어 하는데, 지원자들은 글라스를 꾸미는 데 골몰했다.

책이 나왔다고 자랑하는 와중에 서울대학교 국제대학원 교수님이 '책 낸 김에 특강이나 한 번 해달라'는 요청을 해왔다. 대학교에서 한 처음이자 마지막 강의였다. 이후에는 사내

쯤

한국말을 왜 해석하면서 읽어야 하지?

대학생 기자와 인턴 기자들을 대상으로 글쓰기 강의가 이어졌다. 글쓰기 강의를 들은 이들이 질문을 하면 답을 위한 고민이 이어졌다. 그렇게 콘텐츠가 양적·질적으로 완성되어왔다. 글쓰기 강의는 후배들이 아니라 나를 위한 것이었다.

2시간 넘는 강의 중에 후배들이 피식 웃는 대목이 있다. '나의 얕은 1페이지짜리 지식을 10페이지로 뻥튀기하던 게 학생 때의 글쓰기'라고 할 때다. 조별 과제, 아르바이트, 대외활동으로 시간이 부족한 게 대학생활이다 보니 어쩔 수 없는 부분이다.

기자 지망생은 나름 '글 좀 쓴다'는 이들이다. 타고난 재능이 있으니 다작을 할수록 실력이 는다. 그러나 프롤로그에서 설명했듯 열심히 쓰다 보면 정체되는 순간이 온다. 코칭이 필요한 순간이지만, 그들에게 필요한 코칭은 없는 것이 현실이다.

이 책을 쓴 가장 큰 이유는 내가 편해지려는 목적에서다. 세상의 무수한 미로 메이커 속에서 살아남기 위해서다. 부디 이 책을 읽은 미로 가이드가 많아져 나의 뇌를 편안하게 해주기를 바란다.

마지막으로, 그럼 글쓰기를 못하는 것은 누구 잘못일까?

글쓰기를 못하는 이유는
글쓰기 방법을 아무도 알려주지 않았기 때문이다.

앞서, 이해를 못하는 이유는 말하는 사람이 복잡성을 해소하지 못했기 때문이고, 듣는 사람이 스마트폰을 만지작거리는 이유는 말하는 사람이 구체성을 갖지 못했기 때문이라고 말했다. 짐작하듯, 글쓰기를 못하는 이유는 제대로 된 글쓰기 방법을 아무도 알려주지 않았기 때문이다.

글쓰기를 못하는 것은
당신의 잘못이 아니다

초판 1쇄 2019년 12월 17일 찍음
초판 1쇄 2019년 12월 23일 펴냄

지은이 | 우종국
펴낸이 | 강준우
기획 · 편집 | 박상문, 김소현, 박효주, 김환표
디자인 | 최진영, 홍성권
마케팅 | 이태준
관리 | 최수향
인쇄 · 제본 | ㈜삼신문화

펴낸곳 | 인물과사상사
출판등록 | 제17-204호 1998년 3월 11일

주소 | 04037 서울시 마포구 양화로7길 4(서교동) 2층
전화 | 02-325-6364
팩스 | 02-474-1413

www.inmul.co.kr | insa@inmul.co.kr

ISBN 978-89-5906-557-8 03300

값 14,000원

이 도서의 국립중앙도서관 출판예정도서목록(CIP)은 서지정보유통지원시스템 홈페이지(http://seoji.nl.go.kr)와 국가자료공동목록시스템(http://www.nl.go.kr/kolisnet)에서 이용하실 수 있습니다.